그 꿈, 버리지마

그 꿈, 버리지마

이조윤
산티아고순례기

컨닝페이퍼

그 꿈, 버리지마
CONTENTS

7	그 꿈
15	의문 그리고 질문
23	떠나기 전에
43	이제 생장으로 가자
59	피레네
83	순례자
105	길
121	정령이 사는 이라티 숲
135	메세타
143	철의 십자가
151	오 세브레이로
163	도착

바람 안개 구름 새벽 178

길 188

생명 194

방향 204

순례자 212

마을 220

휴식 234

도착 242

고마움 254

그 꿈

거의 확실하게 죽을 뻔했던 순간이 있었다.
10살 언저리로 기억된다.
기억이란 것이 참 묘하다. 정작 기억해야 할 것은 떠오르지
않으면서 잃어버렸으면 하는 것들은 수십 년이 지나도
형체, 색깔, 냄새까지도 또렷하게 남아있으니 말이다.
나의 소년 시절, 그때 나는 흑석동 중앙대학교 옆 동네에
살고 있었다. 그 아이 역시 중앙대학교 담장 곁에 집을
두고 있었다. 담장이라는 것이 철조망으로 얼기설기
둘러쳐져 있었으며 나는 철조망 개구멍을 통해 대학교로
들어가 연못에서 잠자리 잡는 일이 가장 큰 일과였다.

그런데 이상하게 그 아이와 놀던 기억은 아예 없다.
뿐만 아니라 그 아이를 초등학교에서 본 기억조차 없다.
그럼에도 그 아이의 이름을 지금도 기억하고 있고 그
아이의 아버지는 중앙대학교 교수였다는 것과 그 아이
집에 가면 맛있는 원기소 몇 알을 얻어먹을 수 있었다는
것, 그리고 그 아이의 엄마가 만들어 준 떡볶이가 꽤 굵고
맛이 좋았다는 것은 또렷이 기억에 남아있다.

그해 겨울 어느 날, 날이 조금 풀렸던 모양이다.
보통 같으면 집에서 노량진 언덕길을 넘어 전차를 타고
용산에서 장사를 하는 부모님에게 갔을 텐데, 그날은 그
아이와 함께 한강 인도교 위를 걸어서 넘어갔던 기억이다.
그리고 흑석동 집으로 되돌아올 때에는 왜 그랬는지, 누가
먼저 그랬는지 모르지만 얼어붙은 한강을 건너고 있었다.
얼마쯤 걸었을까? 아마 한강 한가운데쯤 도달했을 것이다.
쩌~엉 하면서 얼음장 갈라지는 소리가 발밑에서 들렸다.
그리고는 사방에서 얼음이 갈라지기 시작하더니 내가
강물 속으로 빠지고 말았다. 옆에서 걷던 그 아이가 내게
다가와 손을 내밀었지만, 그 아이 역시 빠지고 말았다.
이때부터의 기억은 더 정확하고 선명하게 남아있다. 나는

얼음장을 두 손으로 붙잡았다. 엄지를 밑으로 나머지 네 손가락을 위로하고 붙잡았던 얼음의 두께와 촉감까지도 기억에 남아있다. 두껍지 않았다. 쥐고 있던 얼음장에 힘을 주면서 바깥으로 나오려 기를 썼지만, 얼음장은 또 깨지고 말았다. 그 아이를 얼핏 보았다. 그 아이는 내 뒤편에서 같은 모양으로 빠져나오려고 애를 쓰고 있었다. 얼음장은 얇았다. 잡으면 깨지고 다시 잡으면 또 깨졌다. 내가 어떻게 올라왔는지는 기억에 없다. 다만 올라온 후의 기억은 다시 선명하게 갖고 있다. 얼음 위에 두 발을 딛고 섰다. 그 아이 또한 저편으로 올라와 서 있었다. 얼음이 다시 깨질 거라는 두려움은 없었던 것 같다. 정말 작은 몸뚱이였을 테니, 그게 새털처럼 가벼웠으리라. 무지 추웠을 텐데 추위에 대한 기억보다 주위를 둘러보았던 기억은 어렴풋하게나마 남아있다. 그리고 지금 생각해도 막막했던 또 다른 순간이 다가왔다. 어쩌면 그 막막함이 이 살벌했던 기억을 뇌리에 담아두었던 모양이다.

"이제 어떻게 하지? 어디로 가야 하지?"
잠시 망설였다. 당시 한강 폭이 얼마나 되는지는 알 수 없지만 양 끝은 까마득했으리라.

"되돌아가야 하나? 아니면 계속 건너가야 하나?"

그 어린것에게, '선택'이란 용어를 써도 되는지는
모르겠다. 만약 지금처럼 두려움이 많아진 어른이었다면
되돌아갔을 것이다. 무엇 때문에 그랬는지 모르지만
우리는 그대로 우리를 삼키려 했던 강을 건너고 있었다.
아마도, 강 건너에서 물속을 들락거리는 우리를 지켜보던
사람들이 있었던 것 같고, 어쩌면 그 사람들을 향해
걸어갔는지도 모르겠다. 그렇게 죽음을 건너간 우리는
어른들이 피워놓은 모닥불에 언 몸을 녹이면서 치도곤이
욕을 먹었던 기억이다.
이 얘기는 한참 동안 봉인된 얘기였다. 오랜 세월 동안 그
얘길 입 밖에 내놓은 적이 없었다. 엄마, 아버지, 흑석동
가족들한테도 얘기한 기억이 없다. 다만 엄마는 어디서
듣고 온 소리처럼, "너는 물가에 가면 안 된다 하더라, 절대
물가에 가면 안 된다."며 수시로 확인시켜 주었다.
이제 그 얘길 조금씩 꺼내곤 한다. 그 얘길 들은 사람마다
그랬다. 누군가 꺼내주지 않는 한, 얼어붙은 강물 속에
빠져서 살아나올 확률은 거의 없다면서, 살아야 할
운명이라고 하였다.

"살아야 할 운명?"

오래 살 거라는 덕담으로 건넸을 텐데, 고맙게만 들리지 않았다. 그보다 먼저, 난 아직도 '운명'이란 단어를 정의하지 못한다. 막연히, 무슨 수를 써도 어쩌지 못하는 삶을 '운명'이라 한다면, 그래서 목숨이 붙어있는 한, 그냥 정해진 대로 제 십자가를 짊어지고 사는 게 운명이라 한다면, 그 말이 달갑지만은 않았다. 비록 산다는 게 뭔지도 모를 어린 나이였지만, 그때 나는 악착같이 살아낸 것뿐이었다. 어차피 '삶'이란 것이 죽음을 유예한 것일 뿐, 그 집행이 운명의 손아귀에 있다면, 그렇다면 더더욱 생명은 운명보다 더 지독해져야 하지 않겠나?

항공사로부터 세 번째 결항 소식이 SNS 문자로 들어왔다. 명예퇴직이 결정되기도 전에 산티아고 순례길을 가기 위해 파리행 항공권을 구매해 두었다. 코로나 바이러스로 첫 번째 결항 소식을 들을 때만 해도 별걱정은 없었다. 그런데 바이러스는 수그러들 기미조차 보이지 않았다. 오히려 맥없이 넘어지는 생명들을 보면서 점점 조바심이 생기기 시작했다. 또다시 다음 항공권을 알아보기 위해 항공사로

전화를 걸었다. 한 달 내내 만석을 유지하며 파리Paris를 오가던 비행기가 한 달에 한 번, 그것도 비정기적으로 운행할 만큼 상황은 절망적이었다. 항공사 직원의 마지막 멘트가 마음에 걸렸다.

"이때 꼭 가셔야 한다면…."

그리고 스스로에게 물었다. 이때 꼭 가야 하는가? 라고…. 정년을 4년이나 남겨두고 교수직을 내려놓겠다는 나에게 많은 사람은 어디가 많이 아프냐고 물어왔다. 이런저런 이유를 둘러댔지만, "지금 아니면 이 길을 영영 못 갈 것 같아서…."라는 말은 누구에게도 하질 못했다. 그만큼 나는 간절했고 진심이었다.

"왜 그랬을까? 왜 그렇게 그 길을 가야겠다고 안달이었을까?"

50년 전 내가 한강을 건너가던 그때, 나는 어떻게든 살아남아, 꿈을 꾸고 싶었는지 모른다. 그래 맞다. 운명의 가장 척진 지점에 꿈이 있었다. 버리려 해도 버려지지 않는

꿈이다. 누구도 꺾을 수 없는 내 마음이 키워 낸 꿈 말이다. 그 꿈 중 하나가 산티아고 순례길이었으리라. 나는 그 길 위에서 노래하고 춤을 추다가 일몰을 보고 쏟아지는 별빛 아래서 걱정 없는 아침을 맞이하고 싶었던 모양이다.

문득 김열규 선생님의 '독서'에 나오는 문장 한 구절도 떠올랐다.
비아북/2008/15p
"어두운 숲길, 눈에 파란 불을 켠 토끼가 길잡이가 되어서는 밤에만 곱게 피었다가 아침이면 이내 숨고 마는 꽃밭을 찾아주었던 그 꿈"

의문 그리고 질문

"미친 거 아냐?"

분명 누군가가 그랬어야 했다.
그런데 아무도 나에게 "왜?"라는 의문이나 질문을 던지지 않았다. 주변 사람들은 그냥 황당한 시선을 허공에 던져놓고는 참 대단하다면서 터져 나오려는 욕을 꾹꾹 참아주었다.
아내는 한술 더 떴다. 처음 산티아고 순례길을 혼자 가겠다고 했을 때 아내는 집 걱정 말고 잘 다녀오라면서 정관장까지 배낭에 챙겨주었다. 그렇게 40일 동안 산티아고까지 잘 걷고 와서 2년 반이 흘렀다.
그리고…….
어느 날부터 다시 순례길이 모락모락 올라오기 시작했다.
나는 또 다른 순례길을 검색하기 시작했고 그동안 쌓아놓은 항공사 마일리지도 확인해 보고 항공권을 뒤적거리기 시작했다. 그걸 눈치 못 챌 아내가 아니었다. 이번에는 두 달 동안 프랑스 내륙의 '르퓌앙블래'부터 시작하여 산티아고까지 1,500km에 이르는 길을 혼자 걷고 오겠다고 했다.
_{Le Puy en Velay}

그 길이야 말로 오리지날 순례길이란 말도 덧붙였다.
그 말을 들은 아내의 표정은 평온해 보였다. 오히려 그럴 줄 알았다는 듯이 살짝 웃음기도 흘렀다. 아내는 잠시 생각에 잠기는가 싶더니, 이번에는 자신도 함께 가겠다고 했다.
아내는 그럴 사람이 아니었다.
아내는 열 걸음 이상은 차를 타고 가야 한다는 사람이었다. 아내는 살면서 배낭을 한 번도 메본 적이 없으며 트렁크를 끌고 가면 갔지 10kg에 가까운 배낭을 자신의 어깨에 짊어질 사람은 더더욱 아니었다. 누구나 좋아하는 유럽여행조차도 썩 반기는 사람이 아니었다. 게다가 잠자리와 화장실을 많은 사람과 함께 사용한다는 건

꿈에서조차 상상해 본 사람이 아니었다. 그런 사람이 산티아고 순례길을 걷겠다고 했다. 설마 했지만, 아내는 단호했고 진심이었다.

함께 사는 사람 사이에는 고정관념이란 게 존재한다. 거리가 가까울수록 완고하고 단단해 진다. 아내야말로 그런 고생길을 생각지도 않았을 거라고 지레짐작하고 있었다. 아차 싶었다.

아내도 가고 싶었을지 모르는데…, 왜 한번이라도 묻지 않았을까? 그제서야 처음 순례길을 마치고 왔을 때 했던 아내의 질문이 떠올랐다.

"다시 갈 거에요?"

그 길을 다시 가게 된다면 자신도 가고 싶다는 소망을 표시한 건데 나는 간단히 뭉개버리고 말았다. 미안했다. 그리고 이번에는 함께 가자고 했다. 그 대신 지금 내가 계획했던 길은 아내에게 너무 과하니 내가 처음에 걸었던 길을 다시 걷자고 하였다. 아내는 그때부터 신발과 옷을 고르기 시작했다.

- 왜?

2024년 4월 25일 저녁, 우리는 파리 '샤를드골공항'에 도착했다. Aéroport de Paris-Charles-de-Gaulle 배낭을 멘 아내의 모습이 낯설고 어색해 보였다. 공항 풍경은 한결같았지만, 우리의 차림새는 어울리지 않았다. 옷은 칙칙했고 신발은 군화처럼 투박했다. 아내는 자신의 그런 모습에 조금 당황한 듯 두리번거리며 주위를 살폈다. 그리고는 이내 자신의 존재를 확인이라도 한 듯 배낭을 들썩이며 허리끈을 졸라매었다. 그런 아내를 보면서 스스로 또는 타인들로부터 수없이 받았던 질문이 떠올랐다.

"굳이, 거기는 왜 가는 건데?"

그 질문을 받을 때마다 나는 할 말이 딱히 없었다. 항상 같은 대답을 했다.

"그냥"
"그냥?"
"응 그냥 가고 싶었어."

구체적이고 명확한 이유를 듣고자 하는 사람들에게 내 대답은 어이없고 한심할 수밖에 없었다. 그렇다고 굳이 나조차도 수긍할 수 없는 형체 없는 말을 늘어놓으며 그들을 설득할 이유도 없었다. 나를 찾기 위해서라든가 나에게 자유를 주기 위해서라든가 등등. 그게 결과가 되었으면 좋겠지만, 그 어느 것도 예감할 수 없었다. 매사에 나는 내성적이고 소심했으며 게으른 편이다. 항상 계획된 일을 했고 나의 일상이 깨지는 일을 극도로 경계했다. 특별히 갖고있는 버킷리스트도 없었다. 호기심은 많았지만, 모험이나 이벤트 같은 것에 도전하는 것을 즐겨 한 적도 없다. 여유롭고 한적한 여행을 즐겼으며 나 또한 누가 봐도 산티아고순례길과 별로 코드가 안 맞는 사람이었다.

그런 내가 두 번의 순례길을 마치고 돌아와 소주잔을 앞에 두고 후배와 마주 앉았다.

후배가 물었다.

"이번에는 어땠어요?"

"그냥 그랬어."

"이번에도 안 가면 큰일 날 것처럼 안달하더니 그냥 그랬다고요?"

후배는 무척 논리적인 사람이다. 가설을 세워두고 사는
사람이 아니었다. 빈틈없이 계획하고 그 일에 대하여
증명을 해내야 직성이 풀리는 사람이었다. 그런 후배가
산티아고순례길에 관심을 갖고있는 듯했다. 가끔 만나서
세상사를 얘기할 때마다 그는 나에게 그 길 위에서 있었던
일들을 넌지시 물어보곤 했다.

얼마나 힘이 드는지, 얼마나 훈련을 하고 가야 하는지,
배낭은 무겁지 않았는지, 물집은 잡히지 않았는지,
날씨는 어땠는지, 옷은 어떻게 준비해 갔는지, 양말은
꼭 두 겹으로 신어야 하는지, 항공권까지 해서 비용은
모두 얼마가 들었는지, 숙소에서 베드버그에 물리지는
않았는지, 스페인어를 공부해야 하는지, 무얼 먹고
살았는지, 음식은 입에 맞았는지, 그 길을 다녀와서
몸무게는 빠졌는지, 꼬리에 꼬리를 무는 질문에 답하면서,
문득 그가 왜 그렇게 관심이 많은지 궁금했다. 어쩌면
그는 내일이라도 떠날 수 있을 만큼 준비를 해두었는지
모른다. 언젠가 그와 통화를 할 때, 혼자 무슨 산인가를
등산을 하고 있다고 하였다. 언젠가는 혼자 긴 여행을 하고

싶다고도 했다. 듣고있자니, 어서 등이라도 떠밀어 달라는 듯했다.
하지만 선뜻 그의 등을 떠밀지 못했던 것은 바로 그 "왜?" 때문이었다.

굳이 왜 거기여야 했을까?
그가 나에게 했던 이 질문은 수없이 내 자신에게 물었던 질문이기도 했다. 결국 그도 자신에게 해 줄 수 있는 답이 아니었음을 잘 알고 있었다. 아마도 산티아고 순례길을 걷고자 하는 사람 대부분은 그러하리라는 생각이다.
어떠한 말로도 표현할 수 없는 모호함. 그건 길 위에서 찾아야 하지 않을까 싶다.
이번에도 그와 헤어질 때 그랬다.

"그냥 한 번 가봐."

떠나기 전에

순례길을 마치고 돌아와서 사용했던 장비와 의류를 필요한 사람에게 주었다. "언제 또 가게 될지 모르는데…."와 같은 망설임은 없었다. 그 '언제'가 그리 쉽사리 다가오지 않을 거라는 사실을 누구보다 잘 안다. 오히려 지금 가고 싶어 하는 사람에게 도움이 될 수 있을 거라 여겨 서슴없이 주었다.

많은 사람이 산티아고 순례길을 계획하고 있다. 그중 일부는 구체적인 준비에 들어가서 택일을 앞둔 사람도 있다. 하지만 계획을 세웠다고 해서 계획대로 실행되기가 생각보다 쉽지 않다. 1박 2일의 짧은 여행도 틀어지기

일쑨데, 적어도 40일이 소요되는 일정과 매일 20km 이상을 걸어야 하는 고된 여정이다 보니, 아무렇지도 않게 문밖을 나선다는 게 쉬운 일이 아니다. 그만큼 시간이 필요하고 체력이 필요하고 적지 않은 비용을 감수해야 한다. 더군다나 혼자 떠나는 사람이라면 두려움도 내려놓아야 한다.

혼자 운영하던 동네 책방을 다시 여니, 여러 사람이 찾아와 자신도 순례길을 계획하고 있는데 무엇부터 준비해야 하느냐고 묻는다. 항공권을 먼저 예약해 두어야 하는지, 신발을 사서 훈련부터 해야 하는지, 외국어 공부를 해야 하는지. 듣고 보니 나는 무엇부터 준비했는지 떠올려 보았다. 그리고 이런 대답을 해주었다.

"가고 싶은 마음일 거예요."

가고 싶은 마음이야 당연한 거 아니겠냐고 반문할지 모르겠지만, 남이 가니까 나도 간다, 정도가 아니라 조바심이 나서 미치도록 가고 싶어야 한다고 얘기해 주었다. 순례길과 관련된 책도 읽고 영화도 보고 유튜브에서 현재 걷고 있는 순례자들 모습도 보면서 몸이 달아야 한다. 출발일이 가까워져 오면 로드맵을 앞에 놓고 밤새도록 코스를 짜고 뒤집고를 반복해야 한다. 어느 사람은 마음만 먹으면 갈 수 있는 길이라 하지만 그 길을 꼬박 걸어본 사람이라면 그렇게 쉽게 말할 수 없는 길이다. 쉽게 가자면 얼마든지 쉽게 갈 수 있다. 자신의 배낭은 동키서비스에 맡겨 차로 옮겨다 놓고, 걷다 힘들면
산티아고순례길에서 자신의 배낭이나 짐을 다음 숙소까지 옮겨다 주는 유료 서비스
버스 또는 택시를 이용해서 가면 그만이다. 나무 그늘 하나 없는 메세타 같은 구간은 건너뛰고 큰 도시에서는
Meseta
며칠씩 안락한 휴식을 취할 수도 있다. 그런 사람들은 순례자라기보다 여행자에 가깝다.

보통 산티아고 순례길을 걷고자 하는 사람에게는 나름의 이유가 있기 마련이다. 비록 그 이유라는 게 형체도 없고 논리도 없고 누군가 거긴 왜 가냐고 따지듯 물으면 할 말도 없고 그러다 불쑥불쑥 그 길을 걷고 있는 자신의 모습을 상상하고 있다면, 그 사람은 아무리 뜯어말려도 가게 될 사람이다. 필자 경험으로 미루어 머리 속에 담아 둔 '이유'는 나를 이해시키면 그만인데 마음속에 담아 둔 '이유'는 가슴앓이가 될 테니 말이다.

매년 산티아고 순례자사무소에서는 순례자들을 대상으로

설문 조사를 하고 그 결과를 발표한다. 2023년 조사 항목 중에 이런 결과가 있었다.

순례자들에게 순례길을 걸었던 이유를 물었을 때, 그들의 동기는 종교적 이유가 42.6%, 종교적 이유와 더불어 개인적 이유가 34.7%, 비종교적 이유가 22.7%로 나타났다. 2001년에 세례를 받은 나는 지금까지 가톨릭 신자로 살고 있다. 그렇다고 해서 내가 융숭한 신앙의 삶을 사는 것은 아니다. 매일 오만과 욕망의 늪 속에서 허우적대다가 일요일이 되면 미사 참례를 통해 고해하며 사는 지극히 평범하고 소심한 신앙인일 뿐이다. 그러니 위의 설문에서 나는 34.7%에 속해 있다. 사실 순례길을 걷는 내내 종교적 신념만으로 이 길을 걷는 사람은 드물어 보였다. 지루한 보행 속에서도 묵주를 손에 들고 있는 사람을 보질 못했으며 흔한 식사 자리에서 성호를 긋고 감사기도를 드린 후에 식사하는 사람 역시 거의 볼 수 없었다. 그런데도 순수하게 종교적 신념으로 까미노를 걷고 있는 사람이 40% 이상 차지한다는 통계는 의외였다. 물론 겉으로 보이는 모습으로 판단할 일은 아니다. 2023년 한 해 동안 100km 이상을 걸어서 산티아고 순례자로 인증받은 사람의 수가 43만 명 가까이 되고 그중 56%

정도가 스페인 순례자라고 하니 종교적 신념으로 이 길을 걷는다는 순례자의 상당수는 스페인 사람일 거라고 짐작해 본다.

여러 자료나 증거로 나타난 기록만으로도 천 년 이상을 이어 온 이 길이다. 그사이 얼마나 많은 순례자가 이 길을 걸어왔으며 얼마나 많은 이야기가 이 길 위에서 만들어졌을까? 나라가 바뀌고 길의 주인이 바뀌고 때로는 종교도 바뀌었을 텐데 과연 누가 이 길을 걸었으며 누가 이 길을 지켜왔단 말인가? '순례'란 성인의 유해나 자취를 따라 참배하는 종교적 의식이다. 따라서 마음 없이 가지는 게 아니며 마음만 있다고 가지는 길도 아니었을 것이다. 지금이야 길도 닦아놓고 다리도 놓고 친절하게 노란 화살표와 스마트폰이 자신의 위치까지 정확하게 길을 안내하고 있고, 심지어 자신이 지고 갈 짐까지 옮겨다 주는 택배 서비스가 통용되고 있지만 불과 몇 세기 전만 해도 죽음을 무릅쓰고 가야 했던 길이었다. 게다가 프랑스를 포함하여 중부 유럽에서 시작한 순례자는 1,500km 이상을 걸어야 산티아고에 도착한다. 고통은 말할 수 없었으리라. 당시 자신의 죄를 고해하고 그 보속으로 순례길에 오른 사람은 자신의 죗값을 치르기 위해 지옥 길을 걷고 있는 거라고 느꼈을 것이다. 게다가 자신의 가족에게 돌아가기 위해서 다시 왔던 길을 되돌아 걸어가야 한다. 금맥을 찾아 떠나는 것도 아니고 식량을 구하러 가는 것도 아니고 경치를 보러 가는 길도 아니었을 텐데 중세에서 현대인에 이르기까지 이 길 위에 목말라 하는 것이다.

"왜?"

세상 질문 중에서 가장 맥빠지게 하는 질문이 "왜?"다. 억양에 따라 궁금증은 뒷전이고 조롱이 뒤섞여있다고 느끼면 답은 필요 없고 왜 그런 쓸데없는 짓을 하냐는 편잔에 불과할 수도 있다.
하지만 순례자는 이 '쓸데없는 짓'에 대한 답을 갖고 얻고자 하는 사람이라고 믿는다.
많은 사람이 산티아고 순례길을 다녀왔다. 매년 거의 만 명에 가까운 한국인 순례자가 누적되고 있다. 그리고 그들 중에 많은 사람이 책이나 유튜브, 인스타, 그 밖의 SNS를 통하여 다녀온 뒤의 소회를 밝힌 것을 보면 아직도 그 질문에 대한 답을 구했다고 말하는 이는 별로 없다. 하지만 그 길을 걸은 것이 쓸데없는 짓이니 가지 말라고 말리는 사람 또한 누구도 없다. 어떻게 해석해야 할까?

• **산티아고 순례길에 대한 소소한 언어들**

- Santiago

'산티아고'라는 지명은 야고보 성인의 유해가 모셔져 있는 기독교 성지다.

스페인 북서쪽에 자리하고 있는 도시 '산티아고(Santiago)'의 정확한 이름은 '산티아고 데 콤포스텔라(Santiago de Compostela)'가 정확한 명칭이다. 너무 길다. 그러다 보니 그냥 '산티아고'라고 줄여서 부른다. 그러나 스페인어로 조합되어있는 그 이름을 풀어보면 산티아고 순례길의 유래가 드러난다.

우리가 순례길을 걷다 보면 유독 마을 이름에 '산(San)' 또는 '산토(Santo)'가 많이 들어 있음을 보게 된다. 영어로는 '세인트(Saint)', 우리말로 옮기면 '성자' 또는 '성스러운' 정도로 해석하면 되겠다. 스페인은 서기 700년경에 거의 모든 영토가 이교도 이슬람 무어족에게 점령당해 있었다. 그러고 나서 무려 750년에 걸쳐 국토회복운동(Reconquista)을 통해 이슬람 세력을 물리치고 가톨릭 국가로 통합한 나라다. 그만큼 단단한 종교적 신념을 가진 나라다. 그래서일까, 스페인의 지명과 사람 이름 속에는 성인의 이름들이 자주 등장한다.

다시 산티아고 지명으로 돌아가 보자. 우선 성서에 나오는 예수님의 열두 제자 중에 '야고보'라는 인물이 두 명 나온다. 그중에 사도 요한의 형으로서 '큰 야고보'라 불리는 인물이 있다.

스페인에서 '야고보'는 '이아고(Iago)'라 불린다. 거기에 '산토(Santo)'가 합쳐지면 바로 '산티아고(Santiago)'가 된다. 그 뜻은 곧 '성 야고보'라는 인물을 가리키게 된다. 히브리어로는 '야콥(Jacob)'이라 부르고, 영어로 '제임스(James)', 프랑스어로 '자케(Jacques)', 포르투갈어로 '티아고(Tiago)'라고 부른다.

- Compostela

그렇다면 '콤포스텔라(Compostela)'는 무엇인가? 이 부분은 학자들 간에 견해가 조금 달라 보인다. 우선 중세 언어학자들은 야고보의 유해를 발견하게 된 전설을 인용하면서, 라틴어로 '들판'을 뜻하는 'Campus'와 별을 뜻하는 'Stellae'의 합성어, 즉 야고보의 유해가 발견된 장소를 뜻하는 '별의 들판'으로 해석하였다. 그러나 근래 학자들은 '매장하다'라는 뜻의 동사에서 파생한 형태라고 주장하고 있다.

- Camino

스페인어로 '까미노'는 '길'이란 뜻이다. 우리가 가고자 하는 산티아고순례길은 성 야고보의 유해가 모셔져 있는 성지, 산티아고 대성당을 도보로 걸어서 참배하는 길이다. 따라서 이 길을 '성 야고보의 길'이라 부르고 있다. 때론 '까미노'라고 줄여서 부르기도 한다. 한편 '야고보'를 영어로 표현하면 '제미스'이므로 산티아고 순례길의 영어식 표현은 'Way of Saint James'라고 부른다.

- Buen camino

앞에서 얘기한 대로 '까미노'는 '성 야고보의 길'의 줄임말이다. 그 앞에 '부엔'이란 스페인 형용사를 붙이면 '부엔 까미노' 즉 '좋은 순례길'이란 인사말이 된다. 순례자들과 하루에 셀 수 없을 만큼 듣고 말하게 되는 인사말이다.

- Peregrino

비록 '순례자'라는 뜻을 가진 하나의 스페인어 낱말일 뿐이지만, 스페인에서 이 단어가 갖는 무게감은 남다르다. 어느 길 위에 있건, 어느 마을에 있건, 누구를 만나건, "소이 뻬레그리노." 즉 "나는 순례자입니다."라고 말하면, 도와드릴 게 있느냐고 물어볼 것이다. 참고로 여성 순례자라면 '뻬레그리나'라고 발음하면 더 좋겠다.

- Credencial

순례자 여권을 '크레덴시알'이라고 한다. '순례자 여권이 꼭 필요하냐고 묻는 사람이 있다. 절대 그렇지 않다. 다만 필요로 하는 곳이 있다. 공립 알베르게에 묵고자 한다면 필요하다. 그러나 그 또한 절대적이진 않다. '팜플로나'알베르게는 필요하지 않다고 하고 '론세스바예스'와 같은 일부 공립 알베르게에서도 순례자 여권을 발급해준다. 꼭 필요로 하는 곳도 있다. 산티아고에 도착해서 순례인증서를 받고자 한다면 꼭 필요하다. 순례인증서를 받으려면 최소 100km 이상을 도보로 걸었을 때 가능한데, 그걸 증명할 수 있는 게 순례자 여권에 찍힌 '세요'를 확인하고 거리를 환산할 수 있기 때문이다. 부르고스 대성당과 같은 일부 성당과 박물관은 유료로 입장할 수 있다. 이때 순례자 여권을 보여 준다면 일부 할인해 줄 것이다. 그 외에는 특별히 필요한 곳이 없다. '프랑스 길'을 걷는 순례자가 순례자 여권을 만들 때 대부분 생장에 있는 순례자사무소에서 등록하고 발급받게 된다. 순례자가 몰리는 시기에는 긴 줄을 서서 대기할 수도 있지만 길어야 한 시간 이내일 것이다. 일부 순례자는 생장에 밤늦게 도착하여 다음 날 새벽에 피레네를 넘어가기도 하는데 생장 순례자사무소에서는 마지막 기차를 타고 온 순례자들까지 대기하고 있다가 순례자 여권을 발급해주고 있으니 큰 걱정은 안 해도 된다.
굳이 발급받지 않아도 되냐고 묻는다면, 그래도 꼭 받으라고 얘기해 주고 싶다. 그것도 웬만하면 생장에서 받을 것을 권하고 싶다. 생장은 순례의 시작점이다. 생장에서 크레덴시알을 받는 순간부터 순례자의 신분을 부여받게 된다. 긴 줄을 서야 한다면 그 또한 좋은 경험이 될 것이다. 그때 함께 서 있던 사람들은 나와 앞서거니 뒤서거니 걸으면서 친구가 될 사람들이다. 그때 함께 서 있는 사람들과 간단한 인사라도 나눈다면 고된 순례길 앞에서 좋은 친구가 될 것이다. 또한 순례자사무소에서 일하는 봉사자들로부터 현재의 피레네 기상 정보와 함께 주의 사항도 받을 수 있고 숙소를 구하는 데 도움을 줄 것이다.
무엇보다 순례자 여권은 800km의 여정을 '세요'를 통해

증거하고 기억할 수 있는 보물 같은 기록물이다.

- Camino Frances

처음 '프랑스 길'이란 말을 들었을 때, 낯설고 헛갈렸다. 산티아고를 가야 하는데 웬 '프랑스 길'을 걸어야 한다고 하니 이게 무슨 말인가 싶었다. 간단히 얘기하면 산티아고 순례길은 하나의 길이 아니다. '산티아고'를 향해 걷는 순례길은 가장 먼저 생긴 '프리미티보길', 스페인 북쪽 해안길을 따라 걷는 '북쪽길' 등, 여러 길이 있다. '프랑스 길' 또한 산티아고 순례길의 여러 길 중 하나이다.

- Saint Jean Pied de Port

여행하다 보면 길 위의 지명들이 사뭇 생소하고 어렵다. 특히 산티아고 순례길 여정에는 200개 이상의 마을을 지나가게 된다. 그럴 때마다 마을 이정표 앞에 서서 스페인어로 되어 있는 마을 이름을 옹알거려보기도 하지만 조금만 멀어지고 나면 가물가물해진다.

순례길 중에서 가장 많은 순례자가 선택하는 프랑스길은 '생장피에드포흐'라는 프랑스 쪽 피레네 산간마을에서 시작한다. 프랑스어로 쓰인 마을 이름은 길기도 하지만 발음 또한 어렵다. 그래서 흔히들 '생장(Saint Jean)'이라고 줄여서 발음하고 만다. 그런데 '산티아고'와 마찬가지로 이 마을 지명 또한 음절마다 뜻을 품고 있다. 프랑스어로 '생장'은 가톨릭 성인 '성 요한'을 뜻한다. 예수님의 열두 제자 중 한 명인 '사도 요한'을 일컫는 이름이다. 우리나라에서는 '요한'이라 부르지만, 야고보와 마찬가지로 나라마다 그 발음이 제각각이다. 프랑스어로는 '장(Jean)'이라 했고 영어로는 '존(John)'이라 하고 스페인어로는 '후안(Juan)', 이탈리아에서는 '조반니(Giovanni)'라 부른다. 그리고 보니 귀에 익숙한 이름들이다.

다음으로 '피에드포흐(Pied de Port)'는 '발길'이라는 의미가 있다. 그래서 순례길의 출발점이 되는 '생장피에드포흐'는 '성 요한의 발길'이란 이름을 가진 마을이다.

잘 알려져 있다시피, 야고보와 요한은 친형제지간이다. 야고보가 형이고 요한이 동생이다. 우연하게도 프랑스길은 동생 '생장'이 먼 곳에 떨어져 있는 형 '산티아고'를 찾아가는 여정이다. 마을 이름에서 형제의 따뜻한 우애를 느끼게 한다.

• 숙소와 경비

과거 전통으로 미루어 순례길에서 지켜야 할 묵시적 규칙 세 가지가 있다. 그것은 산티아고까지 인간의 동력에 의해서 갈 것, 내 짐을 내가 지고 갈 것, 알베르게에서 숙식을 해결할 것, 이 세 가지가 될 것이다. 대부분 순례자는 까미노를 준비할 때부터 이 세 가지를 지키기 위해 무척 고민하고 노력한다. 아마도 이 세 가지는 순례자에게 청빈한 덕목을 강조한 것으로 보인다. 그뿐만 아니라 이와 같은 생활 태도는 순례길 전체의 경비와 직결되게 된다. 그중 가장 많은 부분을 차지하는 것은 숙소일 것이다.

까미노 숙소의 가장 기본적인 형태는 '알베르게(Albergue)'로 알려져 있다. 그러나 까미노 숙소를 알베르게라고 불린 역사는 오래되지 않았다. 많은 자료와 순례자들의 증언에 따르면 1990년대에서 2000년에 이르기까지 지금의 알베르게보다 더 단순한 형태, 즉 건물 외벽과 바닥에 매트리스만 있고 샤워실조차 없었던 '레푸히오(Refugio)'라는 이름의 숙소가 지금의 알베르게와 혼용되었다고 얘기하고 있다. 2000년대에 이르러 공립 알베르게를 비롯하여 개인이 운영하는 사립 알베르게와 호스텔이 까미노 숙소의 대부분을 차지했다고 한다. 알베르게가 여러모로 불편하다지만 30여 년 전만 해도 지금보다 훨씬 열악한 환경에서 잠을 자고 순례길을 걸어갔다는 얘기다. 그러나 다시 생각해보면 선택의 여지가 없었던 그때가 순례자들 간에 유대는 더 단단했을 거라고 상상해본다.

2021년 가을과 2024년 봄의 순례길에서 가장 큰 변화는 숙소라는 생각이 들었다. 2년 반 만에 숙소의 형태가 다양해졌다. 알베르게 형태도 예전과 달랐다. 사설의 경우 순수한 도미토리 형태에서 벗어나 별도의 개인실을 두고 있는 경우가 많아졌고 호스텔을 함께 운영하는 형태가 많아졌다. 그만큼 순례자의 숙박 형태가 편리성과 개인의 프라이버시를 보장받는 쪽으로 변해가는 모습을 볼 수 있었다. 하지만 아직도 대부분 순례자는 순례자 전용 알베르게를 이용한다. 알베르게는 수도원, 성당 또는 시에서 운영하는 공립 알베르게와 개인이 운영하는 사설 알베르게로 나누어진다. 공립은 일부 '무니시팔 알베르게'라 하여 기부제로 운영되기도 한다. (municipal albergue) 수도원이나 성당에서 운영하는 알베르게가 대부분 여기에 속한다. 순례길에서는 의외로 '무니시팔'이라는 언어를 이곳저곳에서 많이 보게 된다. 흔히 '기부'라

하면 해도 되고 안 해도 된다는 개념이 있을 수 있는데, 순례길에서는 어느 정도 지불해야 한다는 원칙 아래에 스스로 비용이나 가격을 매겨서 일정 금액을 내야 한다는 뜻이다.

지나간 얘기지만 두 번의 순례길에서 가장 신경이 쓰였던 부분은 숙소였다. 특별히 잠자리를 가렸다기보다 개인적인 결함 때문이다. 사실 순례길에서 가장 두려워했던 것은 '베드버그'였다. 유난히 피부 알레르기가 심한 나로서는 베드버그(Bed bug)에 물리면 가려움증과 같은 일반적인 증상을 벗어나 순례길을 중도에 포기할 수 있는 심각한 지경에 이를 수 있기 때문이다. 두 번째는 코골이였다. 나는 코골이와 함께 수면무호흡증까지 가지고 있어 함께 자야하는 순례자들에게 본의 아닌 불편함을 줄 수 밖에 없다. 알베르게에선 어쩔 수 없이 참아내야 하는 고통이라고 위로해 주지만, 그 중 나로 인해 잠을 뒤척이다 새벽을 맞이 한다면 보통 일이 아니다. 그런 모든 것을 다 떠나, '론세스바예스'에서 이용했던 알베르게는 나에게 너무 혹독하고 불편한 경험을 안겨 주었다. 당일 몸의 상태가 안 좋았던 개인적인 문제를 얘기하면서 아래 칸 침대를 요구했지만 담당자는 받아들여 주지 않았다. 공평하지 못한 처사임을 내가 알기에 나름 정중하고 완곡하게 부탁했지만, 그는 단호했다. 그래야 했을 것이다. 매일 수 백명의 순례자가 피레네를 넘어 오는 상황에서 관리자들 또한 난감하긴 마찬가지 일 터, 수긍할 수 밖에 없다. 그마저도 산티아고 순례길의 일부라고 애써 다독이며 하루를 보냈다. 팜플로나에서는 그나마 1층 침대였기에 수월했으나 크게 달라진 건 없었다. 특히 작은 마을로 갈수록 알베르게는 더 취약했다. 철제 이층침대에 푸른색의 얇은 매트리스가 깔려있고, 그 매트리스 위에는 알코올 소독을 해서 그랬는지 흥건하게 젖어 있었다. 그 위에 내 침낭을 깔고 누웠는데 몸을 조금만 뒤척여도 찌걱거리는 철제 침대 소리가 내 밑에서 자는 사람은 물론, 모든 순례자를 불면으로 내 몰았다. 그 이후로 나는 웬만하면 호스텔을 찾아갔다. 순례자의 청빈한 생활 모토는 공감하지만 순례자니까 그래도 된다는 취급(?)에는 공감하기 어려웠다. 어쨌든 그 후로 나는 알베르게를 고집할 생각을 접었다. 2024년 3월을 기준으로 공립 알베르에게가 8~12유로 사립 알베르게가 12~18유로 정도였다. 하지만 알베르게에 비해 호스텔이나 호텔은 경비 면에서 상당한 부담을 주게 된다.

비용으로만 따지면 중요하게 염두 해야 할 사항이 하나

있다. 그건 바로 까미노를 걷는 시기이다.
통계에 따르면 부활절이 끝나는 4월 중순부터 순례자가 몰리기 시작하여 5월부터 9월 사이에 순례자가 가장 많이 몰리는 시기로 나타나 있다. 알베르게의 경우 가격 변동이 거의 없지만 호스텔이나 펜션, 호텔의 경우 순례자가 몰리면 가격 또한 훌쩍 올라가게 마련이다. 따라서 이 시기에 가는 순례자는 적어도 출발 수개월 전에는 어느 정도 알베르게를 예약해 두어야 한다.
어찌 됐건, 온종일 거친 길을 걷고 들어 온 숙소에서 순례자는 많은 것을 필요로 하지 않는다. 한 끼의 순례자 메뉴와 매트리스 하나면 충분하다는 순례자가 대부분이다. 당신이 바윗돌 아래에서 잠을 자든 호텔의 캐노피 침대에 누워 있든 상관하지 않는다며 유행은 변할 수 있지만, 순례는 변하지 않는다는 어느 순례자의 글을 읽으면서 쓸데없는 걱정을 덮는다.

산티아고 순례인증서와 거리인증서

이제 생장으로 가자
Saint Jean Pied de Port

처음 산티아고 순례길을 계획하고 신부님과 얘기를 나누던 중에 신부님은 짧고 단호한 어조로 이렇게 말했다.

"그 길은 혼자 가는 길입니다."

살면서 얼마나 많은 말을 하고 살았으며 또 얼마나 많은 말을 듣고 살았겠는가. 내 입속에서 나온 말들은 얼마나 공허했으며, 내 귓속으로 들어온 말은 얼마나 무시하며 흘러버렸는가. 하지만 말에 무게감이 느껴졌다면, 이 한마디는 평생 지고 가야 할 숙명이 될 수 있겠다는 생각이

들었다.

첫번째 순례길은 시작부터 호락호락하지 않았다. 2019년 겨울부터 코로나바이러스가 번지기 시작했다. 설마 코로나바이러스가 발목을 잡으리라곤 꿈에도 생각하지 못했다. '설마'는 현실이 되었고 코로나바이러스는 순식간에 전 세계를 죽검으로 내몰았다. 모두 두려워했다. 나도 내 가족도 예외는 없었다. 죽음이 멀지 않은 곳에 있음을 알게 해 준 나날이었다. 결국 이듬해 봄에 가려 했던 순례길은 여지없이 무너지고 말았다. 곧 종료될 거라고 희망했던 코로나 판데믹은 변종을 거듭하면서 끝날 기미가 보이지 않았고 그 이후 1년 반의 시간 동안 온 인류는 전쟁보다 더 혹독한 시간을 보냈다. 그 와중에도 나는 산을 오르내리며 걷기 훈련을 계속했고 항공권을 연기했다가 취소하기를 하염없이 반복했다.
마침내 2021년 9월 30일, 유럽의 판데믹이 잠시 수그러진 틈을 타서 파리행 항공기에 탑승할 수 있었다. 물론 프랑스 입국을 위해 EU가 발급한 QR코드와 3차 예방접종 증명서가 필요했지만 어려운 일은 아니었다.
12시간의 비행 끝에 해 질 무렵 파리 샤를드골공항에 도착했다. 짐을 찾아 나오니 날은 이미 어두웠다. 잠시 고민했다. 여기는 '파리'다. 아름다운 도시, 미치도록 머물고 싶은 도시, 파리가 코앞에 있다. 하지만 나는 순례자다. 순례 길에 닿기 전에 파리에 머물고 싶은 마음은 들지 않았다. 체구에 비해 나의 배낭은 볼품없이 컸고 군화처럼 투박한 등산화를 신고 있었다. 이런 모습으로 파리를 활보할 수는 없었으며 무엇보다 파리의 포근한 호텔에서 자칫 흔들릴까 싶어, 그게 싫었다. 이미 나의 몸과 마음은 순례길 위에 있었다. '산티아고, 거룩한 바보들의 길'의 저자 '리호이나키'가 그의 책에서 "나는 이 여행을 시작하기 전에 뭔지는 알 수 없지만, 본능적으로 '기념비적인 것'들은 돌아보지 않기로 작정했다."라고 써놓은 문장을 보면서 그게 무슨 마음인지 알 듯했다. 어차피 내일은 기차를 타고 생장으로 가야 한다. 다행히 공항터미널 역을 이용하여 생장까지 갈 수 있는 여정이 가능했으니 하루 잠자리를 위해서 굳이 시내까지 나갈 필요는 없었다. 공항 근처는 생각보다 가성비 좋은 호텔도 많았고 공항 셔틀까지 제공해주니 공항터미널 역이 여러모로 유용했다.

참고로 파리에서 '생장'을 가는 방법은 몇 가지가 있다. 우

선 '생장'을 가기 위해선 '바욘'을 거쳐야 한다. 거기서 지
역 열차로 갈아타고 '생장'까지 가야 한다.

그렇다면 파리에서 '바욘' 가는 방법을 먼저 알아야 한다.
가장 저렴한 방법은 야간 버스를 이용하여 '바욘'까지 갈
수 있다. 호텔비를 절약할 수 있지만 그만큼 고생을 감수해
야 한다. 항공기를 이용하여 갈 수도 있다. 파리 샤를드골
공항(CDG) 또는 오를리공항(ORY)에서 바욘과 인접한 휴
양도시 비아리츠공항(BIQ)으로 운항하는 항공편을 이용하
면 된다. 그러나 샤를드골공항에서 운행하는 항공편은 매
우 비싸고 오를리공항에서 운행하는 항공편은 기차보다 저
렴하고 운항 횟수도 많지만, 오를리공항까지 이동해야 하
며 공항이 갖고있는 특별한 불편함이 있다. 참고로 바욘과
비아리츠는 거의 붙어있으니 비행기로 이동하는 데 어려움
이 없는 사람이라면 이 방법도 좋을 것이다.

처음 가는 순례자에게 가장 일반적이고 효과적인 방법은
열차를 이용하는 방법이다. 이 또한 두 가지 방법이 있다.
앞서 얘기한 대로 '샤를드골공항 역'에서 출발하는 방법과
파리 시내 '몽파르나스 역'에서 출발하는 방법이다. 공항역
에서 출발하는 방법은 파리 시내까지 이동하지 않아도 되
지만, 파리 외곽 또는 '보르도'에서 환승해야 하는 불편함

이 있고 몽빠르나스역에서 출발하는 방법은 파리 시내까지 나가야 하는 불편함이 있지만, 갈아타지 않고 곧장 바욘까지 갈 수 있다는 장점이 있다. 선택은 자유다.

의외로 산티아고순례길을 가고자 하는 많은 순례자가 순례 시작 지점인 생장까지 가는 길을 어려워하고 있다. 그러나 전혀 걱정할 일이 없다고 본다. 비행기에 탑승했다면 생장까지는 스스로 아니면 누군가가 도와줘서라도 도착할 거라고 확신한다. 그 어려운 순례길을 결정해 놓고 출발점에 서는 것을 망설인다면 영영 후회할 일이다.

다음 날 아침, 바욘으로 내려가는 TGV 열차의 플랫폼에는 나처럼 배낭을 멘 사람들도 드문드문 눈에 띄었다. 틀림없이 나와 같은 일정일 거라 짐작했다. 코로나 시절임에도 좌석은 빈자리가 보이지 않았다. 기차가 플랫폼을 미끄러지듯 빠져나가자, 그동안 수없이 많았던 여행과 다르게 말로 표현할 수 없는 묘한 감정이 온몸에 번졌다. 걱정과 설렘이 뒤섞였고 어떤 뿌듯함 같은 것이 흥분과 함께 일렁였다. 주변을 둘러봤다. 프랑스 할머니와 눈이 마주치자 반갑게 눈인사를 했다. 대각선 쪽 좌석에는 금발에 머리가 뽀글거리는 청년이 지도책

같은 것을 펼쳐놓고 몰두해 있었고 선반 위에는 그의
것으로 보이는 듬직한 배낭이 얹혀있었다. 오랫동안
함께 걸어야 할 친구처럼 느껴졌다. 흡사 '해리포터'에서
마법 학교 '호그와트 성'으로 출발하는 기차처럼 머글과
마법사들이 한데 섞인 채 앞으로 일어날 일들을 생각하며
들떠 있었다. 저 중에 꽤 많은 사람이 나와 함께 생장까지,
더 나아가 산티아고까지 갈 거라는 확신이 들면서 마음이
편해졌다. 창밖 풍경을 바라보다가 곤한 잠이 들었다.
얼만큼의 시간이 흘렀는지 알 수 없었다. 깜짝 눈을 떠보니
어디쯤 가고 있는지 전혀 알 바가 없었다. 맞은편에서
눈인사했던 할머니는 보이지 않았고 그 자리에 덩치 큰
중년 남자가 나를 물끄러미 바라보고 있었다. 저편에서
지도를 펼쳐보던 금발 머리 청년은 여전히 뭔가를 읽고
있었다. 마음이 놓였다. 시간을 보니 얼추 바욘 역에
다가온 듯했다. 방송에서 다음 역이 '바욘'이라는 멘트가
나왔음에도 누구도 내리려는 기미가 없었다. 기차가
플랫폼에 들어서자 '바욘'이라는 이정표가 눈에 들어왔다.
그때까지 저편에 있는 청년을 포함해서 아무도 일어나지
않았다. 아차 싶었다. 짐짓 내 추측만으로 그들이 모두
생장으로 갈 거라고 생각하고 있었다. 나는 급하게 배낭을

챙겨 기차가 출발 직전에 겨우 내릴 수 있었다. 그 역에서 내린 승객은 얼마 되지 않았고 나 같은 차림을 한 사람은 거의 눈에 띄지 않았다.

파리에서부터 생각했던 것들이 여지없이 무너져 내렸다. 젊었을 때부터 홀로 배낭을 메고 여행을 했던 경력은 제법 된다고 여기고 있었고 어디에 떨어뜨려 놔도 잘 찾아가고 잘 돌아왔다고 자부하고 있었다. 그러나 이번 여행은 달랐다. 예상은 늘 빗나갔고 그때마다 나는 허둥댔다.

• **바욘에서**

프랑스 서남부 항구도시 '바욘(Bayonne)', 생소한 이름이다. 오히려 휴양지로 잘 알려진 '비아리츠(Biarritz)', 스페인 지역의 '산세바스티안(San Sebastián)', '빌바오(Bilbao)'가 가까이 붙어있다. 사실 바욘을 포함해 이 마을들은 프랑스와 스페인으로 나뉘어 있지만, 역사적으로 유대가 강한 '바스크'인이 주인이다. 그들은 바스크어를 따로 쓰고 민족적 자긍심이 강한 민족이다. 한때 영국의 지배를 받았던 이 지역은 1451년 백년전쟁 이후 바욘은 프랑스가 되었다. 초콜릿, 바욘 햄, 소몰이축제로 유명하다고 하지만 내가 본 첫인상은 한적하고 깨끗한 중소도시라는 것 외에 별다른 느낌은 주지 않았다.

바욘 또한 산티아고 순례길의 일부였다. 오늘날 대부분의 순례자는 생장을 통해서 피레네를 넘는 루트를 선택하고 있지만, 중세시대부터 유럽 각지에서 도보나 배를 타고 바

욘에 도착한 순례자들은 험난한 피레네산맥을 넘는 것보다 우회할 수 있는 쉬운 경로였기에 인기가 있었다고 한다. 기차역에서 멀지 않은 '바욘의 성녀'로 불리는 성모 마리아 대성당이 있다. 그곳에서도 생장과 똑같은 순례자 여권을 받을 수 있다. 두 번째 순례길은 생장 순례자사무소가 꽤 복잡하다는 소식에 바욘 대성당에서 순례자 여권을 받을 생각으로 대성당을 방문했다. 그런데 하필 도착한 날이 금요일이었고 금요일은 오후 2시까지만 발급이 가능하다고 적혀있다. 그렇다고 속상해할 일은 아니다. 이제부터 순례길 위에 있는 셈이다. 위풍당당한 겉모습에 비해 성단 내부는 무척 여성스럽고 우아해 보였다. 가톨릭 신자이건 아니건 누구라도 상관없다. 아무 자리에 앉아서 앞으로 걷게 될 자신의 길에 기쁨과 건강과 자유가 깃들기를 기도해 보자.

<small>Cathédrale Sainte-Marie de Bayonne</small>

• **생장에서**

순례길 출발지 프랑스 생장에 도착했다. 생장의 기차역은 더 이상 앞으로 가는 철로가 없다. 기차역 또한 우리나라 시골 간이역보다 작았다. 승객들은 대부분 배낭을 멘

순례자로 보였는데 기차에서 내리자마자 초행길이 아닌 것처럼 거침없이 어디론가 뚜벅뚜벅 걸어갔고 이내 역

주변은 고요해졌다. 살면서 수없이 많은 여행을 했음에도 기차에서 내리거나 비행기에서 내리면 한동안 어리둥절했다. 낯선 공기를 맛보는데 약간의 시간이 필요했고 주위를 둘러보는데 약간의 시간이 필요했고 가야 할 방향을 탐색하는 데에는 조금 더 많은 시간이 필요했다. 공기의 성분은 어디건 비슷할 텐데 전혀 그렇지 않았다. 이상하게 첫 번째 들숨은 가는 곳마다 달랐다. 이곳 생장도 마찬가지였다. 더군다나 생장은 1000년을 이어온 산티아고 순례길의 출발지점 아닌가? 그런 연륜이나 명성치고는 이래도 되는가 싶을 만큼 역은 초라했고 볼품조차 없었다.
되돌아갈 열차만 우두커니 빈 역을 지키고 있었다.
맞다. 여기서 돌아가지 않는다면 나는 이제부터 어떤

동력도 없는 미지의 세계에서 800km를 두 발로 걸어가야
집으로 돌아갈 수 있다. 그러자 지금 내 신분이 순례자라는
현실이 다가왔다.

우선 예약해 두었던 숙소로 향했다. 보통 스페인에서
'알베르게(Albergue)'라고 하는 순례자 숙소를 프랑스에서는
'지트(Gite)'라고 불렀다. 나를 안내한 프랑스인 호스트는 1인용
침대가 10개 정도가 늘어서 있는 방 제일 끝에 있는
침대를 지정해 주면서 이틀을 잘 것인가를 새삼 확인했다.
10월 2일을 순례길 시작일로 잡았다. 그사이 순례자
사무실에서 순례자 여권을 발급받고 마을을 한 바퀴
둘러보았다. 순례길 출발점이 아니면 올 일이 없을 것 같은
작은 산골 마을이었다. 숙소에 들어서자 주인이 어두운
표정으로 출발일을 새삼 물어보았다, 그러면서 이틀
후, 피레네 산에 엄청난 폭우가 쏟아질 것으로 예보되어
있으니 하루를 당겨서 내일 아침에 출발하라고 한다. 사실
오며 가며 들리는 현지 뉴스에서도 폭우에 대한 예보가
계속되었다. 수십 년을 순례객들과 이곳에서 지낸 주인의
말을 무시할 이유는 전혀 없었다. 그렇게 하겠다 하고
정해준 침대에서 잠을 청했다.

얼마나 잤을까! 깜깜했다. 별빛조차 없어 보였다. 개인의
공간이 없는 숙소이기에 모든 등을 끈 내부는 여기저기서
들려오는 코 고는 소리만이 사람이 있다는 것을 짐작해할
뿐이었다. 화장실을 가기 위해 벽을 더듬거리며 걸었다.
어딘가 작은 계단이 있었다. 더욱 조심하면서 걸음을
옮겼다. '휴대폰이라도 들고 올걸!' 그런 후회를 하던 찰나,
왼발이 난간 없는 허공에 떠 있음을 직감했다. 그리고
1m쯤 되는 바닥으로 고꾸라졌다. 순간 '망했구나!'라는
절망감이 뇌리를 스쳤다. 발가락에 물집만 잡혀도 가기
힘든 길인데 발목이라도 접질렸거나 허리라도 삐끗하면
포기해야 하는 길이다. 정신을 차리고 몸을 일으켜 보았다.
분명 어딘가는 탈이 났을 거라며 발목부터 움직여 보았다.
무릎과 허리를 펴보고 어깨도 돌려봤다. 신기하게 어느 곳
하나, 다친 곳이 없었다.

나라를 구하는 일만이 위대한 건 아니다. 한 개인 역시
위태로운 삶을 이어가는 동안 자신이 이루고자 했던
꿈이나 목표에 도전하는 일 또한 그에 못지않다. 그러나
그 과정은 험난하기 마련이다. 12세기 초, 제162대 교황
칼릭스투스 2세가 편찬한 '산티아고 순례 안내서'에도
박용진 번역, 서울대학교 출판문화원
쓰여 있듯이, 산티아고순례길은 중죄인이 자신의 죗값을

경감받기 위해 걸어야 했던 보속의 길이었고 그만큼 목숨을 내놓고 걸어야 했던 위험한 길이었다. 흔히들 산악인들이 높은 산을 등정할 때마다 산이 허락해야 가능하다 했듯이 이 길 또한 신이 허락해야 가능한 길이었는지도 모른다.

생장에 도착하고 순례자 여권을 만들기 위해 순례자 사무소에 들렀다. 나를 친절히 맞아준 노인은 나보다 10살 정도는 많아 보이는 건장한 노인이었다. 이런저런 정보를 나에게 전달해 주던 노인이 지팡이를 갖고 왔냐고 묻는다. 안 갖고 왔고 그냥 걸을 생각이라 하니 단호하게 안 된다고 하였다. 그러면서 두 개는 필요 없을지라도 한 개는 꼭 필요하니 옆 가게에서 당장 구입하라 한다. 그렇게 해서 2단 접이 폴 한 개를 샀다. 그리고 나는 그 지팡이와 함께 순례길을 완주했다. 그러고 보니 초기 순례자들의 모습을 사진이나 조각상을 통해서 보면 모두 나무 지팡이 하나씩을 들고 있는 모습을 볼 수 있다. 지팡이는 오르막보다 내리막에서 꼭 필요했다. 그만큼 오르막보다 내리막이 훨씬 위험했다. 특히 비 오는 날과 돌길이 많은 순례길에서 내리막은 자칫 미끄러지기 십상이다. 뿐만 아니라 집도 나무도 없는 지루한 길을 온종일 걸을 때

지팡이는 브라스밴드의 지휘봉이 되기도 했고
들짐승이라도 만날 수 있는 호젓한 길을 걸을 때는 듬직한
보디가드 역할을 해 주었으며 어두운 새벽길을 걸을 때는
스틱으로 땅을 짚는 소리로 순례자가 걷고 있다는 표식이
되기도 했다. 만약 없었다면 나는 위험했을 것이고
심심했을 것이다.

Saint Jean Pied de Port의 순례자 사무소에서 순례자 여권을 만들기 위해 대기하고 있는 순례자들 모습

피레네

10월 1일, 아침 7시에 배낭을 꾸려 숙소를 나왔다. 피레네 산골짜기의 아침은 아직 어둠이 짙게 깔려있었다. 하지만 노란 전등 빛이 창문마다 새어 나왔고 여기저기서 순례자들이 현관문을 밀고 나왔다. 누가 시간을 정해 놓은 것도 아닌데 약속이나 한 것처럼 골목길은 이내 부산스러워졌다. 그리고 그들은 어떤 주저함도 없이 한 방향으로 걸음을 옮기기 시작했다. 거기에 나도 끼어 있었다. 몇몇은 혼자였고 몇몇은 동반자와 함께 걸었다. 굳이 길을 찾을 일은 없었다. 그들 모두는 똑같은 목적지를 갖고 있었으며 길은 외길이었다.

숙소를 나올 때 주인의 인사말이 떠올랐다. 프랑스 사람들이 헤어질 때 하는 흔한 인사말은 "오흐와"라고 하는데 그는 나에게 "부엔 까미노"라며 손을 흔들어 주었다. 주인은 나뿐만 아니라 모든 순례자에게 그랬을 것이다. '오흐와'는 '또, 보자'라는 의미로 내일이 기약된 인사말이다. 하지만 '생장'에서 내일은 저 험한 산 너머에 있는 스페인 땅에 존재한다. 그러니 '부엔 까미노'라 했을 것이다.

'부엔 까미노'는 순례길 위에서 순례자들과 모든 스치는 사람 간에 무의식적으로 교환하는 스페인 인사말이다. 직역해 본다면 'Buen'=좋은, 'Camino'=길(순례길)이다. 걷는 내내 좋은 길 되라는 뜻일 테지만, 산티아고에 도착할 때까지 '부엔 까미노'는 '좋은 길'만으로 해석할 수 없었다. 그냥 '안녕' 정도의 인사말이며 때때로 "괜찮아?", "힘내", "걱정 마세요. 산티아고까지 잘 갈 거예요."라는 격려와 위로가 뒤섞인 말로 들리기도 하였다. 매일 발바닥에서 불이 날 것 같고 숨이 턱밑까지 차오르는 순간, 누군가가 "부엔 까미노"라고 하면 대꾸조차 힘겹고 귀찮을 때도 있지만, 지금 그 길을 되돌아보니 그 한마디가 꽤 큰 힘이 되었음을 알게 되었다. 평범한 일상에서는 아무리 좋은 인사말도 형식이 되고 말지만, 순례길 위에서 '부엔 까미노'는 인사말 이상의 감정과 위로가 스며있었다. 어쩌면 그건 단순한 인사가 아니라 서로에게 해 주었던 기도였으리라. 그래서 800km의 순례길을 걷는 동안 "부엔 까미노" 한 마디만 있어도 충분했던 길이었다.

• 방향

대부분 순례자의 첫 번째 구간은 프랑스 '생장'부터 시작하여 피레네산맥을 넘어 스페인 '론세스바예스(Roncesvalles)'까지 25km를 걷는다. 산티아고순례길 전체 구간 중에 가장 힘들고 고통스러운 구간이면서 한편 가장 아름다운 경치를 볼 수 있는 구간이다. 그래서 일부 순례자는 중간마을 '오리손(Orisson)'에서 하루를 묵어가기도 한다. 하지만 수용할 수 있는 숙박 시설이 절대적으로 부족하다 보니 대부분 순례자는 한 번에 피레네를 넘어갈 수밖에 없다. 생장에서 론세스바예스까지 가는 루트는 두 가지가 있다. 하나는 생장에서 곧바로 피레네의 고봉을 넘어가는 '나폴레옹(La Route Napoléon)' 루트가 있고 다른 하나는 우회해서 '발카로스(Valcarlos)'를 경유하는 길이 있다. 대부분 순례자는 나폴레옹 루트를 선호하지만, 이 길은 안전상의 문제로 보통 11월 1일부터 이듬해 3월 31일까지 폐쇄되고 만다. 따라서 겨울 순례길을 걷고자 한다면 '발카로스' 루트를 걸어야 한다. 만약 이것을 위반하고 나폴레옹 루트로 통과할 경우 벌금이 있다고 한다. 벌금이 문제가 아니라 그만큼 위험하다는 의미일 것이다.

생장의 '스페인 문'을 통과하면 왼쪽으로 가라는 이정표를 보게 된다. 그때부터 산티아고 순례길 첫발을 내딛게 되는 것이다. 여기부터 함께 걷는 사람들은 거의 모두 순례자라고 보면 된다. 아직 '부엔 까미노'가 입에 익지 않았지만 서로 스치는 눈빛에서 온기를 느낄 수 있었다. 어느 정도 산길을 올라와서 뒤를 돌아보았다. 아직도 저 아래 생장은 어둠과 안개에 묻혀있었고 집집마다 흘러나온 노란 등불이 이것도 이별이라고 흐릿하게 서성대고 있었다. 그랬구나. 나는 비록 하루를 묵은 곳이지만 얼마나 긴 시간 동안 얼마나 많은 순례자가 얼마나 많은 사연을 품고 마중하고 이별했을 거라는 생각에 저 노란 등불을 꽤 오래 지켜보고 서 있었다. 그리고 새벽안개 틈새로 반짝였던 그 빛은 걷는 동안 순례길 내내 떠나는 마을을 한 번씩 뒤돌아보게 했다. 그건 아마도 다시 돌아오지 않는

길을 걷기에 그럴 거라 여겨졌다. 산티아고를 향해 한
방향으로 걷는 순례자 대부분은 스쳐 지나가는 마을들과
고작 하루를 묵어가는 마을뿐이다. 그런데도 마을에
거주하는 주민들은 순례자에게 최선을 다한다는 생각이다.
교황 '칼릭스투스 2세'가 편찬한 '산티아고 순례안내서'에
Pope Callixtus II (1065-1124)   서울대학교 출판문화원, 박용진 번역
따르면 10세기 중반부터 유럽 전역에서 순례길을 떠난 것
으로 추정하고 있다. 지리적으로 스페인은 피레네산맥으로
프랑스와 국경을 마주하고 있다. 그렇다면 순례가 시작된
중세에서부터 유럽 대부분 국가에서 떠난 순례자들은 프랑
스를 거쳐 피레네를 넘어가야 했으며 그들 중 상당수가 생
장에서 험준한 피레네를 넘기 전에 생장에서 마지막으로
휴식을 취하고 마음을 다졌을 것이다. 생장에서의 이별은
어느 순례자에게나 그랬을 것이다. 여기는 잘 있을 테니 뒤
돌아보지 말고 어서 가라고.
우리 삶에서 이별의 방향은 언제나 한 방향인 듯했다. 늘
남겨진 사람이 보내는 사람을 걱정하고 위로해 주었다.
여기는 걱정하지 말라며….
언젠가 보았던 영화 한 장면이 떠올랐다.
'톰 행크스'가 주연했던 영화 'A Beautiful Day in the
Neighborhood'를 보았다. 그 영화 끝 무렵에 병상에 누

워 임종을 앞둔 노인에게 톰 행크스가 다가가 귓속말로 속삭이는 장면이 나온다. 그러자 그 노인이 잠시 톰 행크스를 쳐다보더니 무심한 표정으로 고개를 끄덕인다. 그리고 나서 병문안을 마친 톰 행크스가 문을 나서자 아들이 다가와 물었다. 아까 아버지에게 귓속말로 무슨 이야기를 했느냐고, 그러자 이런 대답이 돌아왔다.

"날 위해 기도해 달라고요. 제리(아버지)가 처한 상황을 봤을 때, 아버지는 지금 하느님과 엄청나게 가까울 거잖아요."

얼핏 황당한 말처럼 들리지만 상당히 인상 깊었다. 흔히들 임종을 앞둔 사람을 안심시키고 위로하기 위해 의례적인 인사를 하는 게 보통이다.
걱정 말라고, 곧 일어나실 거라고….
하지만 영화 속에서 톰 행크스는 죽어가는 노인에게 부탁한다. 당신이 지금 만나고 있는 신에게 나를 위해 기도를 해 달라고 당부하고 있는 것이다.

또 다른 영상 하나가 생각났다

십여 초나 될까? 아주 짧은 동영상 하나를 보았다.
고래상어 한 마리가 낚싯배를 향해 다가오더니 배 주위를 맴돌고 있다. 고래 몸통에는 밧줄이 엉켜 있었고 배 위에 있던 어부들이 긴 막대 칼을 이용해서 밧줄을 끊어 주고 있었다. 얼마 후, 고래의 몸에 묶여있던 밧줄이 끊어져 풀어지자 고래상어는 사람들에게 고맙다는 표시로 등지느러미를 흔들며 먼바다로 사라져 갔다.
몇몇 뉴스에 소개된 이 영상은 인간의 선행에 고래상어가 화답을 했다는데 맞추어져 있다. 그러나 내가 받은 충격은 다른 데 있었다. 어떻게 고래가 낚싯배에 다가가 도움을 구할 수 있냐는 것이다. 낚싯배라 하면 바다 사냥꾼들이 타고 있는 배다. 고래가 그들이 낚시꾼인지 알 리 없겠지만, 그러나 적어도 배 위에는 자신을 해칠 수 있는 위험한 존재가 있을 거라는 정도는 본능적으로 알고 있었을 것이다. 하지만 고래는 자신의 몸을 인간에게 내맡겼다. 칼이 달린 긴 막대기로 단단하게 묶인 밧줄을 자르는 위험한 순간에도 자신을 해치지 않을 거라는 믿음으로 고래는 온전히 자신의 몸을 뱃사람들에게 내맡기고 있었다. 가능한가?
오랜 시간 동안 많은 선택을 해오며 살았다. 대부분 우리가 그러하듯, 나 또한, 그 누구의 도움 없이 아주 잘 살아왔다고 자부하고 자랑하며 살아왔다. 그런데 그 영상을 본 이후, 내 삶의 방식이 옳았다거나 자랑할 바는 아니라는 생각을 하게 되었다.
과연 나는 그럴 수 있을까?
내가 사랑한다고 하는 나의 가족이나 친구에게 의심 없이 나를 온전히 맡겼다고 확신할 수 있을까?
내가 세례를 받고 가톨릭 신자라고 한들 나의 신앙이 보이지 않는 하느님에게 나를 온전히 맡겼다고 할 수 있을까?

첫 번째 산티아고 길을 걸으면서 나름 오랫동안 생각했던 화두는 '방향'이었다.
그런 생각을 하며 산길을 오르는데 어디서 무언가가 날아와 내 머리 위에 떨어졌다. 깜짝 놀라 주위를 둘러보았지만 아무도 없었다. 그러자 또다시 날아왔다. 그건 도토리였다. 머리 위를 올려다보니 커다랗고 무성한 도토리나무가 하늘을 덮고 있었다. 그런데 떨어지는 속도가 자유낙하가 아니다. 분명 살아있는 뭔가가 나에게 도토리를 집어던지는 게 분명했다. 한동안 찾아보았지만 주변엔 아무도 없었다. 잘 왔다고 하는 건지, 그냥 집으로 돌아가라고 하는 건지! 상상할 수 없는 일들이 일어날 것 같은 예감이다.

• **의외의 복병들**

"무섭지 않았어요?"

주변 사람들과 산티아고 순례길 얘기를 하다 보면
꼭 듣는 물음이다. 순례길은 일반 여행지와 다르다.
배낭여행을 즐겨했다거나, 오지 탐험이나 트래킹 여행을
했다 해도, 장기간에 걸쳐 수백 킬로미터를 걸어야 하는
순례길은 낯설고 고된 길이다. 그래서 순례자마다 갖는
두려움도 제각각이다. 길을 걷다 생길 수 있는 사고나
부상, 여러 사람이 함께 생활하는 공간에서 생길 수
있는 조그만 갈등과 인종차별 그리고 밀집된 공간에서
생길 수 있는 감기와 같은 감염병이나 베드버그, 그밖에
크고 작은 걱정거리까지, 의외로 산티아고순례길을
가고 싶어 하면서도 망설이게 하는 이유는 의외로
많다. 그럴 때마다 걱정 말고 무조건 다녀오라 할 수도
없다. 실제로 순례길에서 겪었던 아찔했던 순간들을
무용담처럼 얘기하는 책이나 영상물을 흔히 볼 수 있다.

종종 순례길에서 순례객을 가장하여 순례객의 금품을 노리는 강도가 있다는 소식을 듣는다. 그리고 SNS를 통하여 얼굴과 신상이 떠돌기도 한다. 문득 순례자의 배낭에서 가져갈 게 뭐가 있나 생각해 보았다. 배낭 안에는 냄새나는 것들뿐이다. 마르지 않은 빨래와 먹다 남은 음식물과 침낭이나 옷가지 속에 며칠 동안 살아갈 돈이 조금 들어있다. 굳이 많은 현금을 갖고 있을 이유가 없다. 모두 가난한 순례자뿐이다. 이곳에서 강도가 되려면 같이 걸어야 한다. 그렇게 오래 걷는 강도를 생각해 본 적이 없다. 그렇더라도 알베르게와 같은 한정된 공간에서 지나친 호의를 베푼다거나 친근하게 접근해 온다면 무시하거나 주변에 있는 한국인 순례자에게 도움을 청할 수도 있겠다.

개인적인 경험으로 미루어 순례길 위에서 접촉하는 사람은 순례자와 마을 주민뿐이다. 두 번에 걸쳐 길 위에서 보낸 날이 70일을 넘었지만, 어느 사람으로부터 안전을 위협받거나 다투거나 한 적은 단 한 번도 없었다. 오히려 항상 서로의 안부를 묻고 아프면 약을 건네주고 목마르다 하면 물을 건네주는 사람들이다. 오히려 나의 경계심과 불친절한 태도에 불편함을 주지나 않았는지 되돌아본다.

가을 순례길은 아침에 순례길을 나서면서 매일 맑은 별을 볼 수 있다. 지금도 그때를 생각하면 행복하기 그지없다. 새벽에 나서서 그런 게 아니라, 9시에 해가 뜨니 7시에 출발해도 깜깜한 밤중이다. 때때로 혼자 걷는 때가 있는데, 이때는 사람이 무서운 게 아니라 길을 잃을까 두려워진다. 순례자에게 길을 잃지 않도록 내비게이션 역할을 하는 다양한 애플리케이션이 존재한다. 순례자마다 자신들이 선호하는 '앱'이 다르다 보니 좋고 나쁨을 따질 것은 없다. 그 앱들 대부분은 까미노 구간마다 난이도를 표시해 두었는데, 최고 난도를 +5라고 표시했을 때, 내가 사용한 앱에서는 피레네를 넘어가는 이 구간만이 +5를 기록하고 있었다. 그래서 순례길을 다녀온 사람들을 만나면 힘들게 넘었던 피레네 이야기가 빠지지 않는다. 어떤 사람은 거의 날아갈 수준의 맞바람 때문에 고생했다 하고 어떤 사람은 안개 때문에 길을 잃어 산속을 헤맸다고도 했다. 실제로 순례자들의 리뷰를 보면 피레네 숲 속에서 길을 잃어 50km 이상 걸었다는 순례자 얘기부터 탈진해서 스페인 구조대에 의해 구조된 얘기까지 피레네 무용담은 차고 넘친다. 사실 비와 바람과 안개는 피레네가 가진 본성이라 해도 무방하다. 그 정도가 상상 이상이라 당황스럽고 더럭 겁이 날 때도 있다. 특히 일부 구간 오른쪽 등성이는 경사가 심해 낭떠러지처럼 느껴진다. 그때 갑자기 돌풍이라도 불면 위험할 수 있으니 체력이 약한 노인이나 여성은 길 가운데로 걷는 것이 좋다. 특히 스마트폰을 보고 걷는다던가 한눈을 팔면서 무의식적으로 발걸음을 옮기는 습관은 조심해야 한다. 실제로 어느 여성 순례자가 옆구리에 차고 있던 보조 가방에서 뭔가를 꺼내려는 순간 그 안에 있던 종이뭉치들이 순간적인 돌풍으로 모두 날아가는 것을 직접 목격했다. 많은 순례자가 주워주려고 노력했지만, 순식간에 어디론가 사라지고 말았으니 그 여성 순례자는 얼마나 황당했겠는가.

안개는 조금 더 조심해야 한다. 대체로 이른 새벽에 출발한 순례자들은 산 중턱부터 안개를 마주하게 된다. 그 안개의 깊이가 눈앞에서 걷고 있던 순례자가 어느 순간 사라지고 안 보일 정도로 두텁고 깊을 때도 많다. 이런 현상이 대부분의 고산지대에서 나타나는 일반적인 기상 현상이지만, 우리가 겪어보지 못한 변덕스러움 때문에 당황하게 된다. 특히 혼자 걷는 순례자라면 주변에 순례자가 걷고 있는지 확인해 가며 걸어야 한다.

그러나 무엇보다 피레네에서 가장 위험한 것은 아름다운 경치에 도취해 있거나 자신만의 생각에 몰두해 있다가

홀로 남겨지는 일이다. 장기간의 순례길을 걷다 보면 어느 순간 내 앞뒤로 아무도 보이지 않을 때가 비일비재하다. 그러나 순례길을 시작한 첫날에 길을 잃는다면 그것도 산속에서 길을 헤맨다면 그 두려움은 말할 것도 없다. 그래서 순례자는 자신이 정상적인 길 위에 존재하고 있는지 앱을 통해서 수시로 확인해야 한다. 그렇다면 순례길에서 가장 중요한 필수품은 두말할 것 없이 휴대폰이다. 특히 자신의 안전을 위해서 휴대폰에 비상 전화번호 또는 앱을 설치해 두어야 하는데, EU 회원국은 모두 112를 비상 전화로 사용하고 있다. 특히 112로 통화를 시도하면 그 즉시 자동으로 긴급위치서비스가 작동하여 자신의 위치를 알 수 있도록 해 준다. 한편 우리나라 외교부 영사콜센터 무료전화 앱을 설치하여 비상사태뿐만 아니라 통역서비스 지원도 받을 수 있어 자신의 안전을 위해 유용하게 활용할 수 있다.
따라서 휴대폰은 언제든지 on 상태를 유지할 수 있도록 관리해야 한다. 내가 길을 잃지 않도록 수시로 확인할 수 있어야 하고 비상시에는 나의 위치가 확인될 수 있도록 on 상태가 유지되어야 한다. 그러기 위해서 자신의 휴대전화기 배터리 용량이 하루를 마감할 때까지 남아있을 수 있도록 주의가 필요하다. 특히 동영상 촬영이나, 카톡과 같은 SNS의 장시간 통화를 하다 보면 자신도 모르게 휴대폰이 먹통이 되는 경우를 만날 수 있다.

필자가 순례길 중에 난감했던 때는 의외의 곳에서 터졌다. 정해진 날짜의 유심이 만기가 된 것을 모르고 있다가 통신사에서 연락이 왔을 때였다. 그때 나는 작은 마을이 연속되는 산길을 걷고 있을 때였는데, 당장 다음날부터 휴대폰이 무용지물이 되는 상황을 맞이하게 된 것이다. 특히 갈림길이 있는 상황에서 내가 길을 제대로 찾을 수 있게 해 준 것이 휴대폰이었는데 그게 무용지물이 되었으니 무척 불안해졌다. 우리나라 편의점처럼 아무 곳에서나 유심을 쉽게 구할 수 있는 것이 아니다. 그래서 이른 아침에 숙소를 나설 때 몇몇 순례자에게 내 상황을 얘기하고 동행할 수 있도록 도움을 요청했다. 그러자 그들 모두는 지나칠 정도로 나를 챙겨주었다. 보폭을 맞춰주었고 때론 기다려주었.

또 다른 어려움은 파리에서부터 줄곧 따라왔던 착각 때문이었다. 산을 넘는다는 것은 산봉우리를 넘어가면 내리막이라는 뜻이다. 그런데 피레네는 아니다. 오르다 보면 거대한 봉우리가 눈앞에 놓여있다. 저 봉우리만 넘으면 되겠지 하고 헐떡이며 넘다 보면 그보다 높은 봉우리가 눈앞에 홀연히 나타난다. 봉우리를 넘으면 내리막일 거로 생각하면 어김없이 또 다른 봉우리가 나타났다. 그때마다 나는 풀썩 주저앉았다.
보통의 순례자는 평범한 일상생활을 하다가 약간의 걷는 연습을 하고 이곳에 온 사람들이다. 그만큼 익숙지 않은 환경에서 자신의 한계에 부닥치는 상황들은 피할 수 없는 순례길의 숙명이다. 앞서 필자가 생장 숙소에서 겪었던 상황처럼 크고 작은 위험들은 순례길 어디서나 나와 동행하고 있다고 봐야 한다. 한 달 남짓 하루에 수십 킬로미터를 걸으면서 작은 물집 하나에도 포기할 수 있는 게 순례길일 테니, 과분한 걱정도 피해야 하지만 지나친 과신도 삼가야 한다. 확실한 것이라면, 피레네를 넘고 며칠 지나면 나도 모르는 사이 아무 걱정 없는 순례자가 되어 있다는 사실이다.

피레네는 인간의 오름을 거부한다는 듯이 맞바람이 거세게 몰아쳤다. 때때로 한 발자국도 나아갈 수 없을 정도로 휘몰아쳤다. 여느 고산지대처럼 나무는 보이지 않았고 낮은 풀들만 일렁이고 있었다. 바람을 피할 곳은 없었다. 체력이 달리는 여성 순례자는 바람을 등진 채 쪼그리고 앉아 바람이 잦아들기를 기다리고 있었다. 여기에 비까지 왔다면 온 몸으로 그 비를 받아들여야 할 판이다. 바람만 있었던 것은 아니다. 어디선가 청량한 방울 소리가 들렸다. 등성이 한편에 한 무리의 양들이 여유롭게 풀을 뜯고 있었다. 이만한 바람에 뭐가 그리 안달이냐는 듯이 평화 그 자체였다.

• 또 한 번의 위기

몇 개의 봉우리를 넘으니 스페인 땅이다. 내리막이 시작될 즘, 프랑스와 스페인을 가르는 경계가 옆집 텃밭에 들어가는 듯했다. 세상의 국경이 모두 저랬으면 좋겠다는 생각이 들었다. 그리고 근처에 '롤랑의 샘터'가 있었다. 샘터라고 했지만, 철로 만든 동판에는 'Fontaine de Roland'이라는 글자가 새겨져 있었고 개폐가 안 되는 수도꼭지가 하나 달려있었다. 프랑스어인 듯했다. 해석하면 "롤랑의 샘"이다. 롤랑!, 들어봄 직한 이름인데 실체를 모르겠다. 검색해 보니 프랑스와 독일을 아우르고 있던 프랑코 왕국의 샤를마뉴대제 시대에 그의 조카이면서 총애하던 기사라고 한다. 샤롤마뉴대제가 이슬람 무어인이 점령하고 있는

이베리아반도를 원정하고 돌아오면서 롤랑을 지금의 론세스바예스에 후위 부대로 남기고 회군하였으며 이때 롱스보 협곡에서 매복해 있던 이슬람 바스크족에게 대패하면서 롤랑도 이 전투에서 전사한 것으로 알려져 있다. 수도꼭지에서는 물이 졸졸 흘러나왔다. 이 물을 받아 마시는 순례자도 있었고 그냥 지나치는 순례자도 보였다. 과연 먹을 수 있는 물인지는 확인할 수 없어 그냥 지나쳤다. 조금 더 내려가니 먼 산 아래에 오늘 묵게 될 수도원 건물이 보이기 시작했다. 길어야 30분 정도면 도착할 수 있는 거리였다. 그러나 늘 그랬듯이 보이는 거리가 항상 멀었다. 차도가 보이는 풀밭까지 거의 내려왔을 무렵 몸에 이상증세가

나타났다. 갑작스러운 현기증이 생기더니 이내 온몸에서
기운이 빠져나가고 다리가 풀렸다. 그리고는 걷지도
못하고 서 있을 수도 없었다. 그 자리에 풀썩 주저앉았다.
살면서 한반도 경험해보지 못한 증세였다. 아마도 이게
저혈당 증세일 거라고 짐작했다. 과다한 체력소모에
포도당이 부족해 생기는 증상일 테니 빨리 무엇이든
먹어야 할 것 같았다. 하지만 지금 나에게는 아무것도
없다. 물 한 모금도 없었다. 아까 '롤랑의 샘'에서 물이라도
마셨으면 하는 후회가 스쳤다. 누구라도 지나가면 도움을
청하겠는데 주변엔 아무도 보이지 않았다. 혹시 배낭 안에
먹을 게 있는지 생각해 봤다. 먹을 것을 넣어둔 기억이
없으니 있을 게 없다. 그때 문득 출발 전부터 무게 때문에
넣다 뺐다를 반복했던 물건 하나가 떠올랐다. 정관장
홍삼진액이 있었다. 허겁지겁 배낭을 열어 진득한 진액을
두 숟갈 입에 넣고 삼켰다. 그러자 얼마 지나지 않아 몸이
풀리기 시작했다. 또 한 번의 위기였다. 이 상황을 겪고
난 후에야 나는 물과 함께 배낭 속에 작은 초코바라도 꼭
넣고 다녀야 한다는 걸 깨달았다. 매일 20km 이상을 걷고
때때로 30km 이상을 걸어야 하는 순례길은 생각보다
많은 에너지를 필요로 한다. 마을마다 '바르'가 있고
_{bar}

중간중간 푸드트럭도 있어 그럴 걱정 없을 거라 여기지만, 정말 도움이 필요할 때에는 아무것도 보이지 않는 것은 순례길이라고 다르지 않았다.

• 오늘의 메뉴

6~7시간을 걸어서 론세스바예스 알베르게에 도착했다. 1127년, 당시 팜플로나 주교는 알폰소왕의 요청에 따라 이 자리에 순례자를 위한 병원을 세웠다고 한다. 현재 알베르게로 사용하고 있는 건물의 규모는 상상 이상이다. 그만큼 숙소에 입소하는 절차도 복잡했다. 여기에는 알베르게가 하나뿐이면서 생장으로부터 넘어오는 순례자 대부분을 수용해야 한다. 그러다 보니 그만큼 인원도 많고 운영에 필요한 봉사자들도 많았으며 화장실과 샤워실을 사용하는데 불편할 수밖에 없다. 저녁 식사는 숙소로 사용되는 건물이 아닌 외부 레스토랑에서 하게 된다. 당연히 건물 내에서 식사 장소를 찾다가 스태프에게 물어보고 나서야 식당이 외부에 있음을 알게 되었다. 저녁 식사 또한 인원이 많다 보니 두 번으로 나눠 진행되었다.

안내받은 식사 자리는 커다란 원탁이었는데 거기에는 여러 나라에서 온 십여 명의 순례자가 자리하고 있었다. 메뉴를 선택할 자유는 없었다. 순례자에게는 '오늘의 메뉴', 스페인어로 '메뉴 델 디아'라고 불리는 메뉴가 준비되어 있다. 저렴한 가격에 지친 순례자를 위하여 영양까지 고려해서 머무는 마을의 알베르게 또는 식당에서는 '오늘의 메뉴'를 제공한다. 보통, 빵과 와인이 먼저 나오고 애피타이저, 메인, 후식의 코스별 요리가 나온다. '오늘의 메뉴'라고 하여 매일 다를 거라 생각되지만 거의 정해진 요리가 나온다. 식당에서는 음식이 바뀌는 게 아니고 순례자가 바뀔 뿐이다. 과한 표현이지만 '오늘의 메뉴'가 아니고 '오늘의 순례자'가 더 정확한 표현이다. 메인은 알베르게 또는 식당마다 다르지만 선택의 여지는 별로 없다. 론세스바예스에서는 생선과 닭 중의 하나를 선택하게 했다. 아무리 생각해도 이때 내가 무엇을 먹었는지 기억나지 않았다. 생각나는 것은 맛이 없었다는 것 그리고 마지막 디저트라고 제공된 아이스크림은 퍼석한 식감에 작은 사이즈 '브라보콘'과 같았는데 그나마 먹을만했다. 문득 '수용소'가 떠올랐고 그때 내가 '순례자'라는 사실도 깨달을 수 있었다. 물론 커다란 마을

또는 도시에서는 먹고 싶은 메뉴를 찾아 원하는 식사를 할 수 있지만 론세스바예스처럼 한정된 공간에서는 주는 대로 먹을 수밖에 없다. '메뉴 델 디아'의 가격이 평균 15유로 정도다. 2만 원 정도이니 적은 금액은 아니다. 다만 스페인에서는 항상 와인이 식사와 함께 제공된다. 커다란 와인잔에 넘치도록 주기도 하고 아예 병 채 놓고 가기도 한다. 와인을 즐기는 순례자라면 가성비 좋은 식사라고 할지 모르지만 그렇지 않다면 한 끼의 식사비로 2만 원은 순례자에게 과하다는 생각이다.

원탁에 모여 앉은 순례자의 국적은 다양했다. 미국인과 유럽인이 대부분을 차지했고 아시아인으로는 나 혼자뿐이었다. 포도주를 마셔가며 자연스럽게 자신을 소개하는 자리가 이어졌다. 그런 도중에 자신의 이름을 세례명으로 말하는 순례자가 있었다. 나 또한 가톨릭 신자로 '사도 요한'이란 세례명을 가졌다고 하자, 마침 옆에 앉아있는 노인이 자신은 아이슬란드에서 왔으며 '야콥'이라고 소개하면서 자신의 나라에선 '야고보를 '야콥'이라고 부른다며 악수를 청해왔다. 한참 올려다볼 만큼 키가 컸다. 나는 그의 손을 잡으며 형 야고보를 만나러 산티아고에 가는데 여기서 만났으니 이제 집에

가도 되겠다고 하자 웃음이 터졌다. 론세스바예스 식사
자리에서 만난 까미노 친구들은 순례길 내내 앞서거니
뒤서거니 마주치게 된다. 하지만 무슨 이유로 '야콥'은
순례길에서 단 한 번도 마주치지 않았다. 아마도 다음에
머무는 장소가 어긋났던 모양이다.

그렇게 폭풍 같은 첫날을 보내고 35일이 지나 내가
산티아고 광장에 도착해서 멍하니 대성당 종탑을 보고 서
있는데 누가 내 어깨를 두들겼다. 뒤돌아보니, 야콥이었다.
야고보였다.

순례자

본인이 원하건 원치 않건 간에 생장의 순례사무소에서
'크레덴시알'이라고 불리는 순례자 여권을 발급받으면 '순
　　　Credencial
례자'라는 신분이 된다. 그리고 산티아고 순례자사무소에
서는 성 야고보의 유해가 모셔져 있는 산티아고 대성당까
지 최소 100km 이상을 걸어서 도착한 순례자에게 '산티
아고 순례인증서'를 발급해 준다. 최근에는 굳이 산티아고
에 도착했다는 인증서에 별 의미를 두지 않는 순례자도 제
법 되지만, 나는 두 번이나 줄을 서서 챙겨 왔다. 그 무거운
짐을 지고 35일이나 걸었는데, 종이 한 장을 안 들고 올 수
없었다. 초기 순례자에겐 목숨처럼 귀했을 거라는 생각도

얼핏 들었다.

초기 순례길에 대한 여러 자료에 따르면 1215년 가톨릭 교회에서 고해가 의무화되면서 죄 사함을 받기 위해 보속을 받게 되는데 이때 사제가 중죄를 저지른 죄인에게는 순례를 명령하는 경우가 있었다고 전해진다. 또한 15세기 중반, 영국인 윌리엄 웨이가 저술한 '산티아고 순례기에는' 산티아고 순례를 떠나면 죄의 3분의 1을 면제받고, 가는 도중에 죽으면 완전히 사면을 받는다고 전하고 있다.

그렇다면 현재 순례길을 걷는 순례자들은 누구인가? 산티아고 데 콤포스텔라의 공식 순례자 사무실에서 제공한 2023년 산티아고 순례길 통계자료에 따르면, 우선 전체 순례자 수가 44만 명을 초과했고 그중 도보 순례자가 40만 명, 자전거 순례자가 2만 명을 넘어선 것으로 나타났다. 까미노 루트로는 생장부터 출발하는 '프랑스 길'을 걸은 인원이 전체의 50%를 차지했으며 순례 동기는 43%가 순수하게 종교적 이유라고 답했고 대략 35%가 종교적 이유와 함께 다른 이유로 순례길을 걸었다고 답했다. 또한 23% 정도는 종교와 관계없이 까미노를 걸은 것으로 나타났다. 국적별로는 20만 명 가까운 순례자가 스페인 국민이었고 그다음 미국, 이탈리아, 독일, 포르투갈, 프랑스, 영국, 멕시코, 한국, 아일랜드가 뒤를 이었다. 특히 한국은 7,500명 정도가 산티아고에 도착했으며 전체 국가 중에 아홉 번째로 많은 순례자 수를 나타냈다.

순례길에서 한국인이 받는 공통적인 질문이 있다.
이 길을 걷다 보면 '부엔 까미노'라는 인사말과 함께 어디에서 왔느냐고 서로의 국적을 물어보는 게 일상이다. 대부분이 유럽인들이지만 그들이 동양인에게는 어디에서 왔냐고 묻는 경우보다 한국인이냐고 묻는 경우가 더 많다.
아울러 한국인이 먼 이곳까지 오는 이유가 무척 궁금했던 모양이다. 나 또한 같은 질문을 여러 번 받았다. 그리고 나 역시 모르겠다고 대답했다.
동양인의 얼굴을 가진 사람 중에 거의 대부분은 한국인이다. 그 외에 대만, 일본, 중국에서 온 순례자를 만났다. 한국인 순례자들조차 스스로 궁금해한다. 그러니 스페인 주민들과 순례길 위에 있는 대부분 순례자가 궁금해할 만도 하다. 왜 유독 한국인들이 여기까지 찾아오는지를 말이다.

• **안면인식장애**

분명했다. 나는 안면인식장애를 갖고 있다. 진단을 받은 것은 아니지만, 자의 반 타의 반 그렇다고 인정한다. 내가 겪어 보건대 이 질환, 생각보다 심각하다. 본인은 편할지 모르지만, 상대방에겐 생각보다 큰 상처를 남긴다.
언젠가 아내가, 당신은 왜 누가 인사를 하면 받지 않느냐고, 걱정스러운 표정으로 물었다. 그러면서 당사자가 많이 무안해했다면서 자신에게 서운함을 얘기했다는 것이다. 그게 한두 번이 아니었으니, 그때마다 아내는 나의 시력 탓을 대며 무마하곤 했단다. 당연히 그 사람은 내가 잘 아는 사람이었으며 인사를 나누어야 했을 사람이었다.
언제부터 이 증세가 있었는지는 모르겠다. 눈이 나빠지면서 사람들의 얼굴이 희미해지더니 조금만 떨어져 있으면 몰라보기 일쑤다. 당연히 얼굴이 안 보이니 몰라볼 수밖에 없다고 생각했다. 그러던 어느 날 문득, 내가 타인의 얼굴을 아예 쳐다보지 않거나 본다 해도 건성으로 보고 있다는 것을 깨달았다.
지방에서 작은 책방을 운영하며 살고 있는 나는, 책방 문 여는 소리가 그렇게 반가울 수가 없다. 하루에 손에 꼽을 정도의 사람이 책방 문을 연다. 문이 열리면 나는 반사적으로 몸을 일으켜 목례를 한다. 어느 날 젊은 여성이 문을 열고 들어왔다.
"어서 오세요"
늘 하던 데로 인사를 하자, 볼살이 통통하고 예쁘게 생긴 여성은 나를 향해 환한 웃음을 지어 보였다. 나도 환한 웃음으로 화답을 했다. 그리고 다시 눈길을 모니터 속으로 집어넣고는 하던 일을 계속하는데, 얼굴이 따끔거렸다. 그 여성은 책에 관심 없다는 듯 나만 빤히 바라보고 있었다. 내가 다시 얼굴을 들자, 여성은 나에게 고함치듯 소리를 질렀다.

"삼촌"

서울 사는 조카였다. 어이없어하는 조카에게 의외의 손님이어서 그랬다고 웃어넘겼다. 그리고 한 달쯤 지났다. 그 조카가 다시 문을 열고 들어왔다. 그때 나는 뭔가에 열중하고 있었을 것이다.

"어서 오세요."

그날도 형식적인 인사를 하고 자리에 앉아서 하던 일을 계속했다.

"아직도 몰라보시는 거예요?"

고작 세 명의 조카뿐인데 어떻게 그럴 수가 있냐며 야단이다. 이번에는 둘러댈 말이 없었다.

산티아고 순례길에서는 더했다. 조카도 몰라보는데 다 똑같아 보이는 서양인들을 구분한다는 건 나에겐 불가능했다.
길을 걷다 보면 유독 자주 마주치는 사람들이 있다. "부엔 까미노"하며 스쳐 가는 순례자가 대부분이지만 때때로 무척 친근하게 다가오는 사람들이 있다.

"하이, 리"
Hi, Lee

"!!!"

그런데 나는 처음 보는 얼굴이다. 눈썰미 좋은 아내가 옆구리를 쿡 찌른다. 나보다 먼저 아내가 극한 반가움을 표한다. 나 또한 손을 들어 보이며 하얀 앞니를 드러내면서 반가움을 표했다. 분명 통성명을 했을 텐데 당연히 얼굴을 모르니 이름을 불러줄 수 없다.

그럼에도 이들은 크게 내색하지 않는다. 먼저 인사했다고 해서 돌아오는 인사를 기대하지 않는다. 자신의 마음을 보여주면 그만이다. 내 마음을 보여줬으니 너의 마음도 보여줘야 한다는 의무감 같은 것은 애초에 없다. 예의상 받아주는 눈인사 정도면 충분하다. 인사를 할 때 앞뒤를 재지 않는다. 나이가 적다고 먼저 인사해야 하는 것도 아니다. 그냥 반가워하면 그만이다. 두 번의 순례길을 다녀와서 이것만큼은 따라 해보고 싶었다. 틀림없이 두 배는 행복해질 수 있을 것 같았다.

아무리 안면인식장애가 있다 하더라도 내 맘속에 간직된 순례자가 있다.

'에스테야(Estella)'를 가는 길이었다. 가파른 산길을 낑낑대고 오르고 있는데, 여성 두 분도 앞서서 함께 오르고 있었다. 한 분은 젊어 보였지만 한 분은 뒷모습만 봐도 꽤 나이가 들어 보였다. 그런데도 한발 한발 무던히 오르고 있었다. 겨우 중턱쯤에서 두 분과 마주할 수 있었다. 할머니는 밝은 회색 눈동자에 맑고 온화한 표정을 짓고 있었다. 나를 소개하니 자신의 이름은 "하이디"라고 하였다. 그러면서 옆에 있는 중년 여성이 할머니의 나이가 92살이라고 하였다. 내가 잘 못 알아들었나 싶어 다시 물어봤다. 틀림없었다. 할머니는 나보고 산티아고까지 갈 거냐고 묻는다. 그렇다고 하자 자신도 산티아고까지 간다고 했다. 이제 겨우 100km를 걸었다. 앞으로 700km를 더 걸어야 한다. 할머니는 나에게 힘주어 약속했다. 천천히, 아주 천천히 걸어서, 꼭 산티아고까지 갈 거라며 나에게도 꼭 도착하라고 손을 잡아 주었다. 나는 그녀가 산티아고에 도착하는 모습을 상상해 보았다. 그려지지 않았다. 확실한 것은 내가 상상한 그 이상 기뻐하고 행복해할 것이다. 내가 만났던 최고령 순례자였다.

스페인 '발렌시아(Valencia)'에 산다는 나타샤 부부는 반려견 세 마리와 함께 걷고 있었다. 세 마리 모두 대형견이다. 게다가 그중 한 마리는 잘 걷지 못하는 노견이다. 그래서 그 녀석은 남편이 끄는 유모차에 태우고 걷는다. 다행히 두 마리는 성격도 순하고 주인의 말을 잘 따라서 어려움이 없어 보이지만, 평탄한 길보다 산길, 돌길이 대부분인 순례길에서 유모차를 끌고 거기에 어린아이 만한 대형견을 태우고 간다는 게 보통 체력으로 될 일이 아니다. 그러다 보니 다른 순례자들보다 뒤처지기 마련이다. 그런데도 나타샤 남편은 활짝 웃으며 괜찮다고 우리를 안심시킨다. 우리 부부 또한 체력은 바닥인지라 늘 나타샤와 멍멍이들과 오랫동안 함께 걸었다. 이번 순례길에서는 유난히 반려견과 함께 걷는 순례자를 많이 보았다. 심지어 고양이와 함께 걷는 순례자도 보았다. 강아지나 고양이가 먼저 가자고 했을 리 만무하고 아마도 집에 남겨둘 수 없는 상황이었거나 그 녀석들과 함께 하는 인생 최고의 행복한 도전을 실행하고 있는 것으로 보였다. 그러다 문득 홀로 남겨두고 온 우리 집 고양이가 떠올랐다. 50일 동안 처가 식구에게 맡겨두고 왔다. 처형이 우리에게 그랬단다.

"독한 것들!"

• 프랑스 친구 '티에나'

"친구야~, 친구야~"

앞 음절이 높고 뒤 음절이 긴 것이, 아마도 우리말을 경상도 친구에게 배운 모양이다. 프랑스 리용에 산다는 "티에나"다. 순례길 중간부터 산티아고까지 수시로 앞서거니 뒤서거니 했던 그야말로 까미노 친구였다. 솔직히 얼굴을 인식 못 하는 나는 당연히 나이도 인식 못 한다. 정말이지 20대 후반 정도일 거라고 철석같이 믿고 있었는데, 그녀에게는 이번에 대학에 입학한 딸이 있다고 하였다. 딸은 대학에서 트럼펫을 배우고 있다고 하였다. 그러면서 자신의 나이를 마흔여덟이라고 하였다. 아내도 놀란다. 도대체 눈은 왜 달고 다니는지 모르겠다. 그다음부터 누군가의 나이를 짐작하지 않기로 마음먹었다. 그녀의 배낭은 상당히 작고 단출해 보였다. 하지만 그녀는 프랑스 '리용(Lyon)'에서부터 포르투갈 '포르투(Porto)'까지 걸을 예정이라 하였다. 대략 2000km에 달하는 거리다. 그럼에도 그녀의 배낭 안에는 일인용 텐트와 침낭이 거의 전부였다. 어떤 이유로 그렇게 고된 순례길을 걷는지는 묻지 않았다. 다만 그녀는 어떠한 상황에서도 건강한 웃음을 지어 보였고 지극히 소탈하고 누구에게나 친근한 모습을 보여주었다. 5개 국어를 서슴지 않게 하고 우리말까지 배우겠다며 하루 만에 우리말 숫자를 모두 외워버린 그녀는 모든 순례자가 그의 친구였고 우리 또한 그 일부였다. 지금은 집에 돌아왔는지 아직도 어딘가를 걷고 있는지 궁금해진다.

• **라스팔마스 순례자**

첫 번째 순례길은 아무래도 코로나 시절인 데다 가을이었기에 순례자들이 드물었다. 어느 때는 앞뒤로 시야에 아무도 없던 때가 수시로 있었다. 그럴 때면 혼자 큰소리로 노래를 한다. 노래라고 했지만 내가 혼자 들어도 민망할 만큼 고래고래 소리를 질렀을 뿐이다. 그러다 사람이 그리워진다. 누구라도 만나면 함께 걷자고 할 판이었다. '온타나스'(Hontanas)에서 출발해 '알토 모스텔라레스'(Alto Mostelares) 언덕을 힘겹게 오르면, 또다시 그늘도 없는 메세타 평원이 이어진다. 역시 순례자는 보이지 않았다. 오랜만에 강한 가을 햇살이 내리쬐었다. 얇은 수건으로 왼쪽 얼굴을 가리고 가는데 저 먼 곳 돌무더기가 쌓여있는 곳에 사람 형상이 어른거렸다. 가까이 다가가니 돌무더기 위에 젖은 빨래들이 널려있고 꼬챙이처럼 가늘고 기다란 남자 하나가 삼각팬티만 걸친 채 빨래와 함께 도마뱀처럼 사지를 벌리고 널브러져 있었다. 사진에 담지 못했지만 혼자 보기 아까울 만큼 완벽한 한통속이었다. 끝이 안 보이는 평원과 강한 햇살과 그을린 갈색 피부 그리고 깊고 가는 눈매로 서부영화에 나오는 클린트 이스트우드처럼 그는 나를 흘겨보고 있었다.

"올라, 부엔 까미노?"

그러자 자신이 초대한 손님을 맞이하듯이 어서 오라며 손짓을 한다. 그러면서 자신은 카나리아섬 '라스팔마스(Las Palmas)'에서 왔다고 하였다. 거기가 어딘지 알지 못하는 나에게 땅바닥에 지도를 그려가면 거기도 스페인이라는 걸 누차 강조하였다. 누군가 거기는 아프리카 아니냐고 놀려댔던 모양이다. 그러면서 나에게 와인을 갖고 있냐고 묻는다. 와인은 없고 물이라도 마시겠냐고 했더니 손을 휘젓는다. 지금 자신에게 필요한 것은 와인뿐이라며 아쉬운 표정을 지어 보였다. 누군가와 함께 와인을 마실 때까지 그는 거기서 떠날 생각이 없어 보였다. 산티아고까지 갈 거냐고 묻고 싶었지만 묻지 않았다. 그에게는 어떠한 계획도 없어 보였다.

- **로그로뇨(Logroño) 알베르게에서 수상한 두 남자**

까미노를 오는 사람들이 따로 정해진 건 아니다. 당연히 누구나 올 수 있는 길이다. 그렇지만 꼬박 삼십여 일을 걸어야 하는 순례길을 아무나 오는 것도 아니라고 생각한다. 적어도 자신의 인생길을 성찰한다든가, 종교적 이유가 있다든가, 적어도 즐기기 좋은 장소 마다하고 굳이 이 고생스러운 길을 고집한 사람들은 왠지 신중하고 결이 단단한 사람들일 거라고 생각했다.

이 두 사람은 길에서도 앞서거니 뒤서거니 해가며 '올라!' 정도의 인사를 나누었던 사람들이다. 그런데 인상착의가 예사롭지 않았다. 두 남자 모두 비슷한 모습이었는데, 흔히 아카데미 영화에서 악당역으로 흔히 볼 수 있는, 엄청난 체구에 머리는 빡빡 밀었으며 손등부터 어깨까지 요란한 타투까지 하고 있었다. 한 마디로 까미노에 어울릴만한 인상은 아니었다. 그 두 남자를 로그로뇨 알베르게에서 다시 만났다. 그것도 바로 옆 침대에서 말이다. 반갑게 인사를 나누었지만 표정까지 그랬는지는 모르겠다. 알베르게에서의 밤은 늘 고민이다. 코골이 때문이다. 언제부턴가 밤이 되면 주변 사람들의 눈치를 보게 됐다. 아마 첫날 론세스바예스 알베르게에서 받았던 서양 아주머니의 눈총부터 시작되었을 것이다. 그렇다고 밤을 새울 수는 없었다. 물론 지친 몸으로, 내 맘대로 되는 일도 아니었다. 가능하다면 옆 사람이 자는 걸 보고 뒤에 내가 자는 게 그나마 최선이라고 생각했다. 그런데 이 친구들 또한 잘 생각이 없어 보였다. 아래층 침대에 마주 앉아 두런두런 이야기를 이어갔다. 그러면서 슬쩍슬쩍 내 침대를 살피곤 하였다. 누가 먼저 잠들었는지 모르겠다. 비몽사몽 아침이 밝았다. 알베르게 아침은 한꺼번에 빠져나가는 순례자들로 어디서나 부산했다. 얼마를 걷다가 그 두 남자를 다시 길에서 만났다. 그리고 뜬금없이 나에게 미안하다는 말을 건넸다. 왜 그러냐고 물으니, 자기들 때문에 잠을 못 자게 한 것 같다며 미안해했다. 그러면서 자신들도 둘 다 코골이가 심해 웬만하면 늦게 잠들려고 했다며, 자신들로 인해 내가 잠을 설쳤다고 생각한 모양이다. 나 역시 똑같다 하니 크게 웃어주었다. 그 후 그 두 사람을 다시 보지 못하다가, 산티아고 순례사무소 앞에서 만났다. 그 앞에서 만났다는 건 순례길을 온전히 마쳤다는 의미다. 둘에게 축하 인사를 건네자 그중 하나가 나에게 엄지를 치켜들며 나에게 그랬다.

"You are champion!"

생전 처음 들어보는 소리였다.

• 한국인 순례자

한국인 순례자는 원하든 원치 않던 자주 만나게 된다. 바욘에서 생장으로 향하는 열차 안에서부터 한국인과 만남은 산티아고까지 이어진다. 반가운 일이다. 푸릇푸릇한 젊은 친구들도 제법 만나게 된다. 그런데 이들과의 첫 만남은 살짝 어색하다. 사실 나는 한국인 젊은이를 일부러 못 본 척 지나치곤 한다. 조금이라도 그들의 시간을 방해하기 싫어서이다. 그들 또한 나이 든 한국인을 피하는 분위기다. 당연하다. 굳이 여기까지 와서 어른들의 이야기를 들을 이유는 없다. 확실히 우리나라 사람의 경우 젊은이와 노인 간에 함께 대화할 수 있는 관심사가 별로 없다. 설령 있다 한들 방향이 다르다. 그래서 하나는 꼰대가 되고 하나는 버르장머리 없는 놈이 되고 만다.

나 또한 저들의 기피 대상 중 하나일 테니 사뭇 그들의 눈길을 피해 가며 걸었다. 그러나 자꾸 보면 정든다고 했던가. 순례길 중반쯤에 다 다르게 되면 자주 얼굴을 마주치는 젊은 친구들과는 간단한 안부와 함께 짧은 얘기를 나누게 된다.

그러던 어느 날 어느 마을 입구에서 나와 아내는 두 발을 뻗고 쉬고 있었다. 그때 그 친구들이 우리 앞을 지나가면서 이런 정보를 들려줬다. 15분 정도 더 가면, 마을이 나오는데 그 마을에는 맛있는 추로스 집이 있다고 했다. 그러면서 자기들이 먼저 가서 자리를 잡고 있을 테니 뒤따라 오시라고 말을 건넨다. 고마웠다. 사실 쉬면서 과일을 먹어둔 터라 그리고 추로스가 당기는 음식은 아니었다. 하지만 젊은 친구들이 해준 말이 고마워, 그 추로스 집을 찾아 나섰다. 그런데 추로스 집이 보이지 않았다. 우리가 길을 잘못 들었다는 생각에 마을 가운데 있는 공원 벤치에 앉아 잠시 몸을 추스르고 있는데, 바로 길 건너편에 바로 그 친구들이 보였다. 생각보다 작은 추로스 집이었다. 바깥에 원탁 2개가 놓여있었고 거기에 앉아있던 젊은이들이 배낭을 메고 막 일어서려는 참이었다. 우리가 다가가자 반갑게 맞이해 주면서 말했다.

자신들이 길을 잘못 알려 준 것 같다 하였다. 그래서 우리에게 주려고 추로스를 한 봉지 싸서 나가려던 참았다며, 어디서건 만나면 전해주려고 했단다. 살다 보면 뜻밖의 귀인들을 만난다. 거기에 나이가 무슨 상관인가. 나이로 어른이 될 수 있는 세상은 벌써 지났다. 추로스 한 봉지를 받아 들고 멍하니 서 있는데, 다른 젊은이가 말한다. 이건 이미 식었으니 여기서 따뜻한 것으로 드시고 이것은 자기네가 처리하겠다며 자신들이 먹었던 탁자 위를 깨끗이 닦아주고는 자리를 내주었다. 그 친구들은 소방관 임용시험에 합격하여 보직을 임명받기 직전의 친구들이었다. 고맙다는 말 밖엔 아무 것도 주지 못했다. 그들이 가고 나서 아내는 그들에게 작은 선물이라도 해야겠다며 네 개의 팔찌를 사 두었다. 그들 말대로 어디서건 만날 테니 그때 전해 주리라 생각하고 있었다. 무엇이든 자주 보는 사람이 또 보자고 하면 안 만나지는 게 우리의 인연이다. 그 후로 산티아고에 도착할 때까지 우리 부부는 그 젊은이들을 만나지 못했다. 네 개의 팔찌는 또 다른 고마운 사람의 몫이 되었다. 순례길을 떠올릴 때마다 그 친구들의 환한 인상과 따뜻한 배려가 같이 떠올랐다. 고맙다. 젊은이들!

• **레온에서 만난 천사들**
Leon

레온에서는 이틀을 호텔에 묵으면서 휴식을 취했다. 이튿날 오랜만에 게으름을 피우며 늦은 아침 식사를 위해 식당에 들어가니 예닐곱 명 되는 한 무리의 부인들이 한데 어울려 유쾌하게 이야기를 나누고 있다. 옷차림으로 보아 관광객으로 보였다. 몇 테이블 떨어진 곳에 나와 아내가 자리에 앉으니 무리 중 몇 명이 우리에게 손짓하며 반가움을 표한다. 그분들은 순례자 복장이 아니었다. 무척 여성스러운 복장과 함께 배낭이 아닌 캐리어가 식탁 옆에 놓여있었다. 내가 어리둥절한 사이 아내가 먼저 그들에게 반가움을 표했다. 그중 한 명이 가까이 다가와 내게 악수를 청하는데, 자세히 보니 마을과 길에서 자주 마주쳤던 부인이다. 그렇다고 특별한 대화를 나누었거나 특별한 공간에서 만난 사이도 아니었다. 그저 길에서 마주치면 손을 흔들어 호감을 나타내는 게 전부였다.

자신들은 이제 집으로 돌아간다고 하였다. 그러면서 레온까지 걷는 동안 너무 행복했고 우리를 만나서 반가웠다는 말과 함께 산티아고까지 무사히 갈 기도해 주겠다며 두 손을 모은다. 이럴 때마다 정말 부끄러웠다. 나는 그 누군가에게 저렇게 온 마음으로 기도해 준 적이 없었다. 사실 여러 번 스치고 마주하는 순례자들을 보면서 그저 서로에게 지치지 말고 잘 걷기를 바라는 인사 정도면 충분하다고 생각했는데, 그분들은 항상 우리보다 먼저 위로해 주고 격려해 주었다. 그리고 그 마음은 어떠한 걸림도 없이 순수하고 진심이었다. 그럴 때면 얼굴이 화끈거렸다. 언제쯤이면 이 딱딱한 가면을 벗어던질 수 있을까? 아직도 뭘 그렇게 감출 게 있을까?

그때 비로소 깨달았다. '산티아고 순례길'이라 하여 꼭 산티아고까지 가는 것이 목적이 아니어도 좋을 것이라는 생각이 들었다. 저분들에게는 좋은 친구들과 함께한 순례길, 그 길 위에서 함께 고통을 나누며 위로했던 순례자들, 그 자체가 행복이었으며 목적지였다는 사실을 확인할 수 있었다. 이미 오래전부터 알고 있었으면서 우리는 항상 같은 오류를 반복하며 산다. 그저 목적한 곳에 도달하면 성공한 것이라고 여기며 살았다. 그러면 다인가?

얼마나 많은 오만과 편견으로 의심의 눈초리를 휘두르며 이 길을 걷고 있었는지 돌아보게 되었다. 관광버스를 타고 다니며 순례한다고 업신여기지는 않았는지, 알베르게가 아닌 호텔이나 호스텔을 이용한다고 가짜 순례자라고 낙인찍지는 않았는지, 중간중간 점프를 하고 배낭은 동키서비스에게 맡기는 순례자를 보면서 참 편리하게 순례한다고 무시하지는 않았는지….

'레온'은 나에게 특별한 도시였다.
Leon

첫 번째 순례길에서 레온 입구까지 들어오는 길은 다른 길과 비교해서 사뭇 낯설고 힘겨웠다. 시멘트로 포장된 넓은 도로와 그 위를 거침없이 내달리는 차량들을 보면서 새삼 걷는다는 행위 자체가 어울리지 않았으며 기이하기까지 느껴졌다. 더군다나 레온은 산티아고순례길에서 가장 큰 도시다. 숙소까지 가기 위해선 도시 중심부를 향해 한 시간을 더 걸어야 했다. 입구에서 레온 주민으로 보이는 노인 한 분이 힘겨워하는 내 두 손을 잡아 주며 어디서부터 오느냐고, 이제 다 왔다며 성호를 긋는다. 뜻밖이었다. 그리고 바로 뒤에 오는 청년은 아무 말없이 내 앞에서 성호를 긋고 두 손을 모았다. 당황스럽고 한편 모든 고통이 눈 녹듯 사라지는 느낌이었다. 무슨 이유로 그런 행동을 보여주었는지 모르겠다. 다만 조그만 동양인의 행색과 몰골이 꽤나 안쓰러웠을 거라는 생각도 함께 들었다.

이 길 위에서 타인은 나의 거울이 된다.

누군가가 나에게 반가운 마음으로 좋은 표정을 지어주면 나 또한 그만큼 좋은 사람이 된다. 그들이 고마울 따름이다.

참 많은 순례자를 만났다.

모두 지나치다 할 만큼 친절했다. 많은 위로를 받고 때론 위로도 해주었다. 하지만 나는 그만큼 부응해주지 못했다는 생각이다. 다시 만나면 더 많이 살펴주리라 뒤늦게 다짐하지만, 그 후로 다시 보지 못한 순례자가 헤아릴 수 없이 많다. 하루에도 몇 번씩 마주치며 걸었다가도 어느 순간 다시 만나고 싶다고 만나지는 인연도 아니다. 만약 이 길이 나 혼자 걷는 길이였다면 절대 완주하지 못했을 것이다. 무수한 만남과 무수한 헤어짐 속에서, 무수한 이야기와 무수한 침묵 속에서, 이 길 어딘가에 나를 기다리는 마음 따뜻한 순례자가 함께하고 있다는 그 믿음이 있다면, 바로 그 자리가 산티아고가 아닐까라는 생각이 들었다.

길

두 번째 순례길을 아내하고 걸을 때, 아내가 나에게 이렇게 물었다.

"당신 처음 순례길, 제대로 걷기나 한 거야? 아무래도 택시 타고 다닌 것 같은데…."

나는 아내가 질문한 의도를 대충 짐작했다.
나는 하느님께 맹세컨대 처음부터 끝까지 단 1m도 바퀴에 의존했던 적이 없었다. 도시에서 하루 더 머무는 날조차, 어떠한 동력에 의존하지 않고 걸었다. 온전히 산티아고까지 100% 걸었다. 그리고 지금 아내와 함께 생장에서 산티아고까지 똑같은 길을 다시 걷는 중이다. 그런데 생소하다. 초행길처럼 생소하다. 이제 곧 마을이 나타날 거라 했는데 마을은 보이지 않았고, 이제 곧 '바(bar)'가 있을 거라 했는데 '바'는커녕 몸을 붙이고 쉴 자리 하나 나타나지 않았다. 이제 다 왔다고 했는데 눈앞에 지평선이 올라왔고, 이제 정말 다 왔다고 했는데 아내는 그때마다 주저앉았다. 그 이유를 곰곰 생각해 보았다. 계절이 바뀌어서 그럴까? 그렇다고 길이 바뀔 리는 없다. 결국, 기억력 탓이라고 얼버무리고 말았지만 나조차도 믿기 어려울 만큼 길은 낯설었다.

산티아고순례길 중에서 가장 대중적인 '프랑스길'은 거치는 마을만 해도 '닌자(Ninja : 산티아고 순례길의 대표적인 애플리케이션 중 하나)' 앱을 통해 확인한 결과 214개에 이른다. 순례인증서의 공식적인 거리는 779km로 나오지만 실제로 순례자가 걷는 거리는 800km를 초과할 것이다. 그 거리를 보통 33일 정도에 나누어서 걷게 된다. 여기에 자신의 컨디션에 따라 두세 번 정도 한 마을에서 이틀 정도 쉬게 되면, 35~36일 정도에 순례길을 마치게 된다. 그러면 하루에 보통 24km 정도를 걷는 셈이 된다. 그러나 이것은 산술적인 평균일 뿐이다. 실제로 순례길을 걷다 보면 어느 날은 30km를 넘게 걷는 날도 있고 어느 날은 20km도 채 안 되게 걷는 날도 있다. 길과 날씨의 조건, 계절과 숙소의 여건, 배낭의 무게와 자신의 몸 컨디션에 따라 하루에 걷는 거리의 양은 길이만으로 단정할 수 없다. 게다가 순례길은 일방통행이다. 다시 되돌아오는 길이 아니고 한번 지나가면 끝인 길이다. 그렇게 걷다 보면 신기하게도 어느 하루 비슷한 길을 본 적이 없다. 매일매일 다른 길을 걷고, 다른 풍경을 보고, 몸은 다른 고통을 맛보게 된다. 어느 때는 발바닥이 아프고 어느 때는 무릎이 아프고 어느 때는 허리가 아프고 어느 때는 어깨가 빠질 듯이 아프고 어느 때는 마음이 아프고 어느 때는 분노가 쌓였다.

누군가 물었다. 어느 길이 제일 힘들었냐고.
지나고 보니, 이런저런 길들이 떠올랐다.
어느 날 메세타 평원을 하루에 30km 넘게 걸어야 할 날이 있었다. 메세타(Meseta) 평원이라 하면 그늘 한 점 없이 며칠 동안 지평선만 바라보고 걸어야 하는 길이다. 한마디로 순례자가 피하고 싶은 악마의 구간이다. 실제로 일부 순례자들은 아예 그 구간을 삭제하고 순례길을 이어가는 경우도 많다. 10km가 넘도록 집 한 채가 보이지 않는 그런 구간도 있었다. 그날은 죽었다고 생각하고 한 시간 일찍 숙소에서 출발해서 꾸역꾸역 걸었다. 길은 끝도 없이 하늘로 이어졌다. 처음 순례길에서는 아무도 보이지 않았다. 추수를 끝낸 헐벗은 광야와 하늘과 나뿐이었다. 그리고 그다음 날은 20km가 채 안 되는 마을이 목적지였다. 여유 있게 출발했고 쉬엄쉬엄 걸었다. 말 그대로 어제와 비교하면 새 발의 피다. 그런데 이게 웬일인가, 걸어도 걸어도 목적지가 나타나지 않았다. 충분히 20km를 넘게 걸었다고 생각했는데 마을은 쉽게 나타나질 않았다. 오늘 20km는 어제 30km보다 더 길게 느껴졌다. 내가 마음으로 정한 거리가 이렇게 멀었다.

이런 길도 있었다. '산솔(Sansol)'가는 길도 그랬고 '로그로뇨(Logroño)' 가는 길도 그랬던 것 같고 '폰페라다(Ponferrada)' 가는 길도 그랬다. 얼마를 걷고 나니 먼발치에 마을이 보이기 시작했다. 벌써 다 왔구나 싶었다. 순례자들이 가장 기뻐하는 때가 있다. 걷다가 목적하는 마을이 보이기 시작할 때다. 다 왔다는 안도감으로 마음이 편안해지고 엔돌핀이 솟는다. 당연하다. 그런데 이상하게 눈에 빤히 보이는 마을이 더 이상 가까워지지 않는 것이다. 아무리 걸어도 마을은 다가오지 않았다. 게다가 길은 마을로 향해 있지 않았고 항상 삐딱하게 돌아가도록 놓여있었다. 분명 코앞이 마을인데 그 마을을 가기 위해서 두세 시간을 족히 걸어야 했다. 정말 멀었다. 내 경험으로 눈에 보이는 길이 가장 먼 길이었다. 그런 경험을 몇 번 하고부터 행여 먼발치에 마을이 보일까 봐 눈을 땅바닥에 파묻고 걷기도 하였다.

아내에게 어느 길이 힘들었냐고 물어봤다. 아내는 단호하고 명료하게 대답했다.

"오르막이지!"

언젠가 아내와 함께 걷기 연습을 한다고 가벼운 산행을 한 적이 있었다. 경사가 심하지 않은 산길이었다. 아내는 앞을 보더니 저기를 올라가야 하냐고 묻는다. 당연하다고 말하니 돌아가는 길부터 찾았다. 순례길도 마찬가지였다. 걷다 보면 시도 때도 없이 나타나는 게 오르막이다. 돌아가는 길이 없냐고 묻는다. 없다고 하자 고개를 아래로 떨구곤 터벅터벅 걷는다. 어느 순례자가 자신은 산행을 주로 하다 보니 평지보다 산길이 더 편하다고 얘기한다. 그걸 들은 아내는 거짓말이라며 쉬운 오르막은 세상에 없다고 잘라 말했다.
가도 가도 끊임없이 이어지는 오르막은 피레네를 넘을 때보다 더 심하다고 느껴질 때도 많았다. 사실 피레네를 넘었던 첫날의 기억은 힘겨움보다 뭔가를 해냈다는 성취감이 더 컸다. 모두 최고의 난이도로 힘겨울 거라며 잔뜩 겁을 먹었지만, 순례길을 출발했다는 기대와 흥분과 피레네가 주는 풍경으로 충분히 보상받았다고 여겨진다. 말 그대로 피레네는 그러려니 하면서 얼떨결에 넘어갔다면, 그 이후 불쑥불쑥 나타나는 오르막들은 불청객처럼 어려웠다.

숨이 턱에 차오르고 배낭의 무게가 어깨를 짓누를 때쯤 먼 산 하나가 눈에 들어온다.
"설마 저 산을 넘으라는 것은 아니겠지!"
그러나 불길한 예감은 어김없이 적중했다. 길은 외길이고 안 넘을 도리는 없다. 그나마 아침에 만나는 오르막은 어렵지 않게 넘어가지만, 하루 일정의 막바지에 만나는 오르막은 그야말로 죽음과 바꾸고 싶을 만큼 힘겨웠다. 이런 오르막을 반복하면서 우리 인생도 비슷하리라는 생각이 스쳤다. 아무리 고통스러워도 돌아갈 길 없는 외길과 마주할 때가 있다. 거기에 선택은 없었다.
어쩌겠는가, 넘어가야지.
까마득히 하늘로 길을 낸 오르막이 나타나면 스틱에
몸을 기대고 눈을 들어 정상을 물끄러미 바라본다. 그
끄트머리에 작은 점들이 움직인다. 뒤따라 오던 순례자가
어깨를 툭 치며 앞서간다. 쳐다보지 말고 어서 걸으라는
뜻이다. 정상에 서 있는 순례자를 부러워하며 한숨을 폭폭
내쉬다가 한발 두발 그 길을 따라 올라간다. 숨이 차오르고
오금팍이 끊어질 듯 아프고 등허리가 굽을 즈음 뒤를
돌아보니 어느덧 나 역시 그 자리에 올라서 있음을 깨닫게
된다.

또 다른 힘든 길도 있었다. 그것은 바로 누군가와 함께
걷는 길이다. 길을 걷다 보면 부부 또는 자녀들과 함께
걷는 순례자를 많이 본다. 친구와 같이 걷는 순례자들도
보게 되고 단체 순례자들도 본다. 요즘에는 반려견들과
함께 걷는 순례자도 많이 늘었다. 반려묘를 유모차에
태우고 가는 순례자도 보았다.
두 번째 순례길에서 나는 아내와 함께 길을 걸었다.
나는 이미 그 길을 알고 있었고 예감을 할 수 있었다.

하지만 아내는 처음 걷는 길이다. 아무것도 모른 채 매일매일 목적지가 나타나기만을 고대하며 한 걸음씩 내 뒤를 따라왔다. 아내는 체력이 약했으며 참을성도 약했고 악착같은 근성도 없다고 생각했다. 그런 아내가 하루하루를 지워가며 걸었다. 어느 날부터 어디가 아픈지 조금씩 절룩거리며 걸었다. 하지만 아내는 아프다는 얘기를 하지 않았다. 꾹 참고 견디며 걷는 모습이 역력했다. 안타깝고 고마웠다. 그러던 어느 날, 아내는 발바닥과 발등이 너무 아프다며 목적지를 눈앞에 두고 주저앉았다. 1km를 걷는데 2시간 가까이 걸린 적도 있었다. 오죽했겠는가. 얼마나 고통스러웠겠는가. 그 마음을 곁에서 지켜보며 걸었다. 힘겨웠다. 하지만 곁에 함께 걸어갈 사람이 있으니 견뎌낼 수 있었다. 지나고 보니 힘들지 않은 길은 없었다.

순례길은 분명 혼자 걷는 길이다. 함께 왔어도 혼자 걷는 길이다. 누가 대신해 줄 수 없다는 뜻이다. 그 길 위에는 천천히 걸어가는 90세가 넘은 노인도 있었고 선천적으로 다리가 불편한 순례자도 있었고 자신의 커다란 반려견을 유모차에 태우고 산길을 힘겹게 오르내리는 순례자도 있었다. 아내는 그들을 보면서 걸었다고 하였다. 그뿐만이 아니다. 길 위에는 또 다른 생명들이 함께 걷고 함께 뛰고 함께 숨 쉬고 있었다. 달팽이, 다람쥐, 고양이, 강아지, 참새, 작은 벌레들, 양치기 목동, 트랙터를 몰고 가는 농부는 흙먼지가 나는 길을 지나치는 게 미안했던지 천천히 속도를 늦추고 지나갔다. 순례자를 응원한다는 뜻에서 클랙슨을 올리며 가는 운전자들과 길을 잘못 가고 있다며 가던 길마다 않고 돌아서서 안내해 주던 주민들. 그들 모두 자신의 방식대로 순례하고 있었다. 그들이 먼저 이 길의 주인들이었다.

• **돌길**

산티아고 순례길은 의외로 돌길이 많았다. 흙길처럼 보였는데 신발 밑창에서 미끄러움이 느껴졌다. 자세히 보니 굵은 모래 돌이 깔려있었다. 작은 잔돌로 포장을 해 놓은 듯한 길도 눈에 많이 띄었다. 아마도 비 왔을 때 물웅덩이가 생기고 진흙 뻘이 만들어지는 것을 막기 위해 깔아놓은 듯했다. 나름 순례자를 위한 배려라는 생각에 고마움도 느끼지만 경사진 곳에서는 오히려 더 위험해 보이기도 했다. 때때로 내리막길이 온통 바위로 이루어진 돌길도 있었다. 특히 '수비리' 마을로 들어가기 직전에 있는 내리막은 길 자체가 거대한 바위덩어리로 보였다. 반면에 '용서의 언덕'에서 내려가는 돌길은 흔히 말하는 크고 작은 자갈돌이 깔려있었다. 지형 자체에서 만들어진 자갈돌인지 일부러 가져다 놓은 것인지는 알 수 없지만, 둥글둥글한 돌이 급한 경사를 가득 메우고 있어 돌과 함께 구르기 십상이다. 이런 길은 스틱도 별 소용없었다. 또한 '철의 십자가'를 지나 '모리나세카'로 이어지는 내리막은 세상 모든 종류의 돌을
Molinaseca
모아 놓은 듯했다. 좁은 산길이 급경사를 이루면서 아래 동네까지 이어진다. 산길에서 내려오다 처음 만나는 마을이 '미구엘'이다. 이 마을 입구에 있는 첫 번째 bar에서 먹었
Miguel
던 오렌지주스는 정말 최고의 맛이었다. 그리고 다시 이어지는 돌길의 행렬, 그야말로 상상을 초월한다. 잘게 부서져 있기도 하고 바위 채 드러나 있기도 했으며 날카롭기까지 해서 매우 위험했다. 이런 돌길은 특히 비가 오거나 물기를 머금고 있으면 큰 사고로 이어질 수 있어 특히 조심해야 한다. 순례자끼리 바싹 붙어가는 것도 피해야 하고 손을 잡아준다든가 몸을 지탱해 주는 행위는 같이 넘어질 수 있어 더

더욱 위험해 보였다. 스틱이 없는 사람이 있다면 스틱을 한 쪽이라도 빌려주는 게 더 도움이 될 것이다.

순례자마다 가장 힘들었던 내리막길을 얘기해 보라 하면 대체로 지금 얘기한 세 군데를 꼽는다. 그중에서 하나를 꼽으라 한다면 '철의 십자가'가 있는 '레온산' 내리막길을 최악의 내리막길로 꼽는 순례자가 많았다. 그 길에 한국인 누군가가 써놓고 간 글귀를 보면서 마음으로 고마움을 전했다.

• 초기 순례길

순례길을 걷기 전에 나는 몇 권의 책을 읽었다. 가장 오래된 안내서로 알려진 교황 '칼릭스투스 2세'(Calixtus II)의 '산티아고 순례 안내서', '리 호이나키'의 '거룩한 바보들의 길', '낸시 루이즈 프레이'(Nancy Louise Frey)의 '인류 학자가 들려주는 산티아고 순례 이야기'가 그것이다. 그중에서 162대 교황 칼릭스투스 2세가 편찬한 '산티아고 순례안내서'는 무려 900년 전에 출간한 책이다. 당연히 요즘 나오는 책들과 비교해서 내용은 엉성하기 그지없다. 옮긴 이 '박용진'에 따르면 오늘날의 안내서가 순례에 대한 실질적인 정보 제공에 초점이 맞춰져 있다면 이 책은 순례길에서 만나는 성지와 성인들 그리고 순례자의 속죄를 기록하고 있다고 얘기한다. 한마디로 산티아고 순례가 가진 역사와 본성을 다루고 있다는 데서 꼭 읽어 보고 가면 도움이 되는 책이다.

이 책은 가장 먼저 산티아고에 이르는 네 가지 길에 관해 얘기하고 있다. 네 가지 길의 출발점은 모두 프랑스에서 시작하는데, 첫 번째는 '생 질 뒤 가르'(Saint Gilles du Gard), 두 번째는 '르 퓌'(Le Puy en Velay)의 '생트 마리' 성당, 세 번째는 '베즐레'(Vezelay)의 '생트 마리 마들렌' 성당 그리고 마지막 네 번째 루트는 '투르'(Tours)의 '생 마르땡'

성당이다. 이 길들은 모두 '프랑스 길'에서 중요한 마을 중에 하나인 '푸엔테 라 레이나'에서 합쳐지는 것으로 기록하고 있다. 그러나 그 시대가 중세시대였음을 생각하면 유럽의 기독교인들은 자신의 집이나 성당에서 각각 출발하여 네 가지 거점으로 모여든 것으로 생각해 볼 수 있다. 그렇다면 초기 순례길은 대략 1500km 이상으로 추정할 수 있다. 지금도 이 길들은 여전히 순례자들이 걷고 있으며 그중에서 '르 퓌 앙 블래'에서 출발하는 '르퓌길'은 한국인 순례자도 많이 걷고 있다.

• 신발

산티아고순례길을 준비하면서 가장 고민했던 부분은 신발이었다. 하루에 수십 킬로미터를 한 달 넘도록 걸으려면 신발은 순례길의 성패를 가늠하는 가장 중요한 용품이 될 것이라 여겼다. 그러나 순례길을 다녀온 경험자들뿐만 아니라 트래킹 전문가들조차도 의견은 분분했다. 일반 운동화부터 시작하여 고어텍스 재질로 된 신발이 좋다는 사람, 중등산화 또는 경등산화를 꼭 신어야 한다는 사람, 아니면 밑

창이 더 중요하다는 사람 등등, 순례자마다 써놓은 SNS를 보면서 선택에 도움이 되기보다 오히려 선택을 더 어려웠던 경험이다. 그러나 무릇 순례길에서 신발만큼은 신중하게 고민하고 선택해야 한다는 데는 이견이 없다.

지금 쓰고 있는 필자의 경험조차 선택에 장애가 될까 조심스럽다. 우선 매일 아침 미지의 길로 첫발을 디딜 때마다 신발이 주는 위안은 상당했다는 사실이다. 머리와 마음은 고통에 반응하여 투덜거리기나 할 뿐이지 실제로 힘을 쓰고 고통을 감내해야 하는 부위는 발이다. 신발은 그 발을 보호해 주는 수호천사라 해도 과언이 아니다. 그러기 위해서 꼭 지켜야 할 일이 있다. 어떠한 신발을 선택했건 간에 미리 구매해서 그 신발을 신고 오랫동안 길을 들여야 한다. 신발이 내 몸의 일부가 되어야 한다는 뜻이다. 이 과정은 무엇보다 중요했다. 나의 경우 출발 1년 전에 딱딱한 중등산화를 구입하였고 그 신을 신고 꽤 오랫동안 걷는 연습을 하였다. 당연히 처음 한 달 정도는 발도 아팠고 뒤꿈치가 까지기도 했지만, 어느 순간부터 신발은 내 몸의 일부가 된 것처럼 편안함을 주었다. 그 신발을 신고 두 번의 순례길을 무사히 완주할 수 있었다. 물집 한번 잡히지 않았다. 그 게 자랑이 아니라, 매일 아침 길로 나서기 전에 신발을 신고 신발끈을 조일 때, 신발에서 오는 안락함이 느껴지지 않으면 고민해봐야 한다.

순례길에서 신발 때문에 물집이 생기고 발톱이 빠지고 발바닥에 염증이 생긴다면, 그래서 매일 그 고통을 느껴가며 걸어야 한다면, 신발이 갖는 비중은 순례의 성패를 가름할 만큼 중요할 수밖에 없다. 물론 그 고통마저도 순례길의 일부라는 사람도 있지만 그게 아니어도 순례길은 충분히 고통스럽다. 역으로, 발 하나 편해서 순례길이 더 행복해질 수 있다면 무엇을 선택하겠는가?

정령이 사는 이라티 숲
Irati

론세스바예스 알베르게 한 귀퉁이 2층 침대에서 눈을 뜨니 모두 짐을 싸느라 부산스러웠다. 옆 침대 순례자는 벌써 떠났는지 침상에 아무것도 보이지 않았다. 부스럭대며 짐을 꾸리고 있는 아래 칸 침대의 중년 여성과 눈이 마주쳤다. 연한 갈색 눈동자가 잠시 흔들리는 듯하더니 이내 시선을 피한다. 뭔가 할 얘기가 있지만, 꾹 누르는 듯했다. 그 이유를 알만했다. 그리고 미안했다. 나의 코골이로 어쩌면 내 곁에서 자던 순례자는 잠을 설치고 이른 새벽에 출발했는지 모르겠다. 이러한 고민을 가진 사람들이 의외로 많다. 순례길에서는 모두 피곤하여 곯아떨어진다고 위로하기도 하지만 좁은 공간에서 잠결이 예민한 피해자는 하룻밤이 고역이 아닐 수 없다. 가해자 또한 미안해하지만 어쩔 수가 없다. 다른 사람들이 먼저 잠자리에 들 때까지 참고 있다가 제일 늦게 잠을 자겠다고 참아보지만 쏟아지는 졸음을 이겨낼 방도도 없다. 그렇게 하룻밤을 동거했던 사람들은 다음번에는 만나지 말기를 서로 기대할 뿐이다.

두 번째 순례길을 준비하면서 까미노 친구들의 SNS 망에 올라온 게시글 하나를 보고 가슴이 쿵 하고 내려앉았다. 거기에 적힌 내용은 대략 이러했다.

오랜 기다림 끝에 순례길을 가게 되었는데 알베르게 침상마다 전기 콘센트가 있느냐는 물음이었다. 그러면서 자신이 심한 코골이를 하는데 다른 사람에게 피해를 줄 것 같아 양압기를 가져가려 한다며 그 양압기를 작동하기 위해서 전기 콘센트가 필요하다는 얘기였다. 아마도 일반 사람들은 양압기가 어디에 쓰이는 물건인지 잘 모를 것이다. 한마디로 코골이로 호흡이 불편한 사람들이 피치 못해 사용하는 일종의 산소호흡기라고 보면 되겠다. 그런데 그걸 사용해 본 사람이라면 아무리 휴대용이라 해도 그 무게와 부피가 상당했을 텐데, 그걸 들고 순례길을 걷겠다는 데에 충격이었다. 무엇보다 얼마나 그 길을 걷고 싶었으면 양압기까지 가져갈 생각을 했을까? 그 의지에 경의를 존경심이 앞섰고 무엇보다 타인보다 내가 먼저라고 생각하는 세상에서 누군가 나의 코골이로 불편할 거라는 그 배려심이 고마웠다.

이미 산티아고순례길에 다녀왔거나 현재 걷고 있거나 이제 준비하는 사람들이 모여 서로의 안부와 관심사를 공유하는 SNS 안에는 넘치는 정보들이 가감없이 소통되고 있다. 그 중에는 이제 막 떠나려는 사람들의 의문과 걱정 또한 한가득이다. 그 안에서 진심으로 공감하고 소통하고자 하는 좋은 사람들을 보게 된다. 그들의 꿈이 모두 이루어지길 빌어본다.

• 동화 같은 에스피날 마을
Espinal

수비리 가는 길에 만났던 '에스피날' 마을은 기대하지 않았던 뜻밖의 선물을 받은 곳이다. 이곳은 아직도 피레네 산 중턱을 벗어나지 못한 마을이다. '목가적 풍경?' 이렇게 어려운 단어를 써 본 적은 없지만, 이 마을이 딱 어울릴 만했다. 주변은 유럽에서 가장 큰 너도밤나무 숲으로 알려진 '이라티 숲'(Irati Forest)이 있고 그 사이사이에 초원과 목장으로 둘러싸인 아주 작고 깨끗하고 단아한 마을이다. 특히 가을이면 단풍으로 물드는 이라티 숲만을 걷는 여행객들이 많다고 한다. 정말 아침이슬을 머금은 청량한 숲길을 걷다 보면, 방울소리도 들리고, 사각거리는 잎사귀 밟는 소리도 들리고 어디선가 숨어서 순례자들을 쳐다보며 키득거리는 웃음소리도 들린다. 분명하건데 여기에는, 눈으로는 볼 수 없지만 느낄 수 있는 요정들이 있을 것으로 확신한다.

주민이 고작 300명도 안 되는 작은 마을이지만 이 마을의 역사는 유럽에서 산티아고 순례가 번성했던 중세 시대까지 거슬러 올라간다. 당시 나바레(Navarre) 왕국의 산초 7세 왕이 유럽 각지에서 피레네를 넘어온 지친 순례자들에게 휴식과 안식처를 제공하기 위해 세워진 마을로 알려져 있다. 지금도 이 마을 주민들은 일 년 내내 끊임없이 넘어오는 순례자들을 보면서 지칠 만도 할 텐데, 최선의 환대와 따뜻한 마음으로 순례자들을 대하고 있는 듯, 순례자들 사이에 친절한 마을로 소문이 자자하다.

피레네 숲 속에서 사는 주민들은 말 그대로 숲 일부로 보였다. 거기서 말을 키우고 양을 키우고 젖을 짜면서 살아가는 그들의 모습을 보면서 그들의 고된 노동과 거친 자연환경 아래서 그 삶이 고단하게 느껴질 만한데 실제로 그들의 묵묵한 표정을 보면서 그들이야말로 하늘나라와 가장 가까운 동네네 사는 정령들이라 여겨졌다.

• 샌드위치

숲 속을 걷고 있는데 종소리가 들렸다. 에스피날 마을에 있는 성 바르똘로메 성당은 스페인에서 보기 드문 현대적 건축 양식을 갖고 있다. 종탑 또한 유난히 높고 보통 마을과 다른 모양을 하고 있는데 거기서 들려오는 종소리만큼은 공기로 씻어낸 듯 맑고 영롱했다. 뿐만 아니라 소들의 방울소리도 숲길 바로 옆에서 들려왔다. 소가 좁은 숲길로 튀어나와 달려들 것처럼 크고 선명했다. 앞서가던 순례자 역시 그렇게 느꼈는지 주변을 두리번거렸고 나 또한 발을 멈추고 주위를 둘러보았다. 소가 있을 장소가 아니었다. 고개를 들어 먼 곳을 보니 먼 산등성이에 방목하는 소들이 보였다. 설마 저기서 여기까지 그렇게 가깝게 들릴 수 있을까 의아했다. 아무 막힘도 없는 공기 탓이라고 생각했다. 크게 숨을 쉬니 날아갈 듯 몸이 가벼워졌다.

에스피날 마을에 도달하기 전에 인상 좋은 주민 한 분이 특별하게 생긴 설치물 앞에서 '부엔까미노'를 외치며 순례자들을 향해 손을 흔들어 주었다. 가까이 다가가니 그는 '바(bar)'를 광고하고 있었다. 그게 자신이 운영하는 '바'인지는 모르겠지만 생소했다. 자신의 가게를 선전하여 매상이라도 올려보겠다는 생각에 저런 퍼포먼스도 하는가 보다 생각했다. 아닌 게 아니라 마을 입구에 들어서자 그가 광고하던 bar가 나타났다. 안 보일 수 없는 자리다. 굳이 광고하지 않아도 될 만큼 bar 입구는 순례자들로 북적거렸다. 들어가 보려 했지만 앉을 자리도 없어 보였다. 문득 광고하던 주민은 순례자에게 bar를 광고한 게 아니라 순례길에서 지치지 말고 곧 바가 나타나니 힘내라는 사인이었을 거라는 생각도 들었다.

이 마을은 창문이 독특하다. 밝은 빨강 테두리와 갤러리창을 덧댄 형태이다. 현관도 덧문을 대놓은 걸 봐서 겨울에 눈과 바람이 많을 거라는 생각을 해봤다.
마을을 벗어나기 위해 노란 화살표를 따라 2층짜리 건물 귀퉁이를 돌아섰다. 그런데 아내가 먼발치에서 사진을 찍고 있었다.

아내의 눈썰미는 예민하다. 내가 보지 못하는 것을 아내는 본다. 그래서 아내의 사진 실력은 나보다 뛰어나다. 그런 아내가 뭔가를 흔들며 나에게 달려온다. 손에는 알루미늄 포일에 싸인 뭔가를 들고 있었다. 아내의 얼굴이 싱글벙글 해맑다. 그럴 때면 뜻밖의 뭔가를 득템한 게 틀림없었다. 그게 뭐냐고 물었다. 아내는 바게트 샌드위치라 하였다. 어디서 났냐고 묻자 뜻하지 않은 대답이 돌아왔다. 그러면서 사진을 보여 주었다.
"세상에 이럴 수가!"

사진 속에는 종이박스에 몇 개의 알루미늄 포일에 싸인 샌드위치가 들어있었고 박스에는 이런 문장이 적혀있었다.

"PRODUCTOS DEL DIA, 29/04/24, PARA QUIEN 10 NECESTE"

번역해 보니, 10명의 순례자를 위해 오늘 만든 것이니 필요한 사람은 가져가라는 뜻이다. 혹시라도 파는 물건인지 아니면 기부를 해야 한다면 어디에 접시라도 놓여있는지 주변을 살펴보았다. 아무런 조건이 없었다. 샌드위치를 만들면서 생각했던 마음, 즉 누군가가 맛있게 먹고 씩씩하게 순례길을 걸어

주길 바라는 그 마음뿐이었을 것이다. 저 집엔 어떤 사람들이 살까? 궁금했다. 언젠가 다시 갈 기회가 된다면 꼭 한번 보고 싶은 얼굴이다. 순례길 코너에 있는 집이라, 일 년 내내 순례자의 발걸음이 끊이지 않는 집이다. 관청에 민원을 넣어서 길이라도 바꿔달라고 할 만도 할 땐데 오히려 순례자에게 음식을 만들어 주는 사람이 궁금했다. 우리는 수비리에 도착하자마자 그 샌드위치로 점심을 대신했다. 만들어 준 사람의 마음을 기억하면서 아주 맛있게 먹었다.

수비리까지 가는 길이 모두 내리막은 아니다. 때때로 숨이 넘어갈 만큼 경사진 오르막도 있다. 에스피날 마을 빠져나오면서 긴 숲과 꽤 높은 오르막이 계속되었다. 가쁜 숨을 내뱉으며 정상에 다다르니 커다란 너도밤나무 밑에 물 한 통이 달랑 놓여있다. 500mL 정도의 플라스틱병은 새것이었다. 빙긋이 웃음이 지어졌다. 처음 순례길에서 물이 없어 고생했던 생각이

났다. 그 후로 물은 꼬박 챙겨가지만 저렇게 누군가를 생각하며 물 한 통을 산 정상에 놓고 갈 생각은 못 했다. 어쩌면 아래 집에서 샌드위치를 하나 들고 온 순례자가 아닐까라는 짐작을 했다. 그리고 나는 혼잣말을 중얼거렸다.

"난 아직 나밖에 모르는구나!"

한 달 남짓 순례길을 걸으면서 늘 궁금했고 때로는 미안했고 때로는 존경했던 부분이 있었다. 순례길 위에서 삶을 일궈가는 주민들이다. 두 번의 순례길을 마치고 돌아와서 책상 앞에 앉아 글을 쓰고 있는 이 순간에도 드문드문 그들 생각이 났다. 되돌아보면 순례자는 같은 길 위에 있는 순례자만 보고 느끼고 생각하며 걷는다. 수없이 부엔까미노를 외치며 상대방을 응원하고 위로해 가면서 걸었다. 때때로 절룩거리며 걷는 순례자에게 다가가 상태를 물어보고 짐이라도 나눠 들기도 하고 진통제라도 손에 쥐여주곤 하였다. 울고 서 있는 순례자를 보면 등이라도 토닥여 주고, 급한 용무를 마치고 숲 속에서 나오는 순례자에겐 모른 척 얼굴을 피해 주고 갈림길에선 혹시라도 길을 잘못 들까 하여, 다음 사람이 올 때까지 기다려주기도 하였다. 행여 나의 고통이 누군가에게 전해질까 봐, 미소를 지어주던 순례자들만 보고 걸었다.

그렇게 순례길을 마치고 집에 돌아와 생각하니 또 다른 사람들이 있었다. 순례길 위엔 순례자만 있는 게 아니었다. 그 길의 주인, 눈에 띄진 않았지만 거기에서 일상을 살아가는 주민들이 있었다. 과연 그들에게 순례자는 누구이며 어떤 모습으로 비칠까?

일 년 내내 하루도 빠짐없이 자신의 집 앞을 점령군들처럼 걸어가는 순례자들을 보면서 그들은 어떤 마음을 갖고 있을까? 그게 우리 집 앞이라면 나는 어땠을까?

매일 지나치며 마주하는 bar나 알베르게 호스트들이 순례자에게 건네는 친절은 제외하기로 하고, 일반 주민들과 마주했던 기억은 별로 없었다. 그리고 그 몇 안 되는 기억을 떠올려 보았다.

수확하던 포도를 손에 쥐여주며 엄지 척을 해 주던 노인, 자신의 메마른 땅에서 먼지로 인해 순례자가 불편해할까 싶어 미안해하며 최소한의 속도로 트랙터를 몰던 청년, 길을 잘못 들었다며 갈림길까지 함께 걸어주었던 주민, 숙소를 구하지 못한 나에게 마을 뒤져가며 나의 잠자리를 구해주었던 아주머니, 한껏 지쳐있는 내 앞에서 성호를 긋고 기도해 주던 행인, 끝이 안 보이는 차도에서 클랙슨을 울려가며 힘을 돋워 주던 운전자들, 아프지 말고 무탈하게 가는 데까지 잘 가길 바라는 눈길들….
그들이 나에게 보여 준 진한 여운을 뒤늦게 알아차리고, 이렇게나마 미안하고 고마운 마음을 전하고 싶다.

Irati 숲 속을 걷고있는 순례자들

메세타
Meseta

붉은 망토와 투우, 태양과 정열의 플라멩코 그리고 레알 마드리드, 스페인을 색으로 표현해보라 한다면 붉은색이 마땅하겠지만, 나는 흰색이 먼저 떠올랐다.

1989년 1월 1일, 이날부터 우리나라 국민의 해외여행 자유화가 시작되었다. 우리 자신을 선진국이라고 자화자찬하지만, 우리가 여행의 자유를 얻은 날이 그렇게 오래전 이야기가 아니다.

그 이듬해 여름, 스페인을 처음 여행했다. 그때는 배낭여행이 유행했을 때였다. 집으로 돌아갈 수 있는 왕복항공권과 유레일패스만 있으면 유럽 어디든 갈 수 있었다. 야간열차를 이용하여 비싼 호텔비를 대신할 수 있었으며 유럽 대부분의 유럽국가는 여행객을 위하여 유스호스텔을 운영하고 있었으니 가난한 여행객에게는 좋은 때였다. 유럽의 유스호스텔 또한 순례길의 알베르게와 흡사한 도미토리 형태로 저렴한 가격에 묵어갈 수 있었다. 당시에도 유스호스텔을 이용하기 위해서 호스텔 문 앞에 일찍 도착한 순서대로 배낭을 길게 늘어놓고는 끄트머리에서 마음을 졸였던 기억이 떠올랐다.

하루 사이에 몇 번의 열차를 갈아타고 프랑스 남쪽 프로방스 지방에서 스페인 남쪽 안달루시아 지방까지 갔던 적이 있었다. 그 여정 중에 라만차 지방으로 향하는 열차는 40도를 오르내리는 폭염 속에서 선풍기조차 없이 창문을 열고 달리면서, 마을이란 마을은 모두 정차하는 열차에 몸을 실었다. 지친 몸으로 졸다 깨다를 반복하다가 인기척에 눈을 떠 보니, 부부로 보이는 늙수그레한 남녀가 나를 뚫어지게 바라보고 있었다. 남자는 다소 거칠고 투박해 보였으며 여자는 치렁한 머릿결과 가늘고 짙은 눈썹과 깊고 까만 눈동자를 가지고 있었는데 언젠가 보았던 오페라 '카르멘'의 여주인공과 흡사해 보였다. 남자는 여자의 손을 자신의 허벅지 위에 꼭 붙잡고 있었다. 내 기억에 종점에 이를 때까지 남자는 그 손을 놓지 않았다. 남자는 평생 저 손을 놓아 줄 것 같지 않았다. 창밖의 풍경은 건조하고 삭막했다. 알 수 없는 종류의 나무가 지평선까지 줄지어 심겨 있었고 사막화된 황량한 구릉들만 반복해서 지나가고 있었다. 저렇게 메마르고 거친 땅에서 어떻게 뿌리를 내리고 살 수 있는지 궁금했다. 나무의 이름을 묻자 '올리보'라고 알려주었다. 당시만 해도 올리보가 올리브 나무인 줄 모를 때였다. 올리브가 지금처럼 흔한 식량이 되어 시장에서 쉽게 볼 수 있는 먹거리가 아니었다.

순례길에도 메마르고 거친 땅에는 어김없이 올리브나무가 심어져 있었다. 여자는 차창 밖으로 하얀 담장으로 둘러싼 마을이 나타나기만 하면 아무 말 없이 깊은 눈으로 흰 담을 응시하곤 하였다. 어렴풋이 그녀가 이 기차에 올라탔던 그 마을도 저렇게 시리도록 하얀 담이 쳐져 있었던 것 같았다. 그러고 보니 구름 한 점 없는 새파란 하늘과 뜨겁게 달구어진 모래벌판, 거기에 빨래처럼 널려져 있는 저 하얀 담장들은 왜 그렇게 차갑게 느껴졌는지, 그게 스페인에 대한 나의 첫 번째 기억이었다.

주변에 순례길을 마치고 돌아온 몇몇 순례자들과 얘기를

나누다 보면 빠지지 않고 하는 얘기가 있다. 어디가 가장 좋았었는지 또는 어디가 가장 기억에 남았었는지, 반면에 어디가 가장 최악이었는지…. 그때마다 느끼는 것은, 사람마다 그 장소가 서로 다르다는 것이다. 어느 곳은 그 정도가 심해서 누군가에게는 최악의 장소가 되고 누군가에게는 최고의 장소가 되기도 한다.

단적으로 산티아고까지 온전히 걸어온 순례자들 사이에서 산티아고가 가장 실망스러웠다는 글을 본 적도 있다. 기대가 컸던 만큼 실망 또한 컸을 테니 그럴 수 있겠다는 생각도 들었다.

어떤 곳은 순례자의 호불호가 명확하게 양분된 곳도 있다. 아마도 '메세타(Meseta)' 구간이 그럴 거라 여겨진다. 스페인에서 메세타는 특정 지역을 의미한다기보다 지형을 의미한다고 볼 수 있다. 그래서 스페인어로 '메세타'는 고원을 뜻하는 말이다. 대략 스페인 국토의 40% 정도가 해발 400~1000m 정도의 메세타로 이루어져 있다고 한다. 그중에서 산티아고순례길 중에서 '프랑스 길'의 메세타 구간은 '부르고스'에서 시작하여 '폰페라다'에 이르기까지 무려 200km에 다다른다. 실제로 이 구간에 펼쳐져 있는 면적은 상상 이상이다. 길은 하늘로 이어져 있고, 몸을

360° 회전해 봐도 사방이 모두 지평선이다. 봄에는 거기에 온통 밀이 익고 가을에는 포도가 익는다. 순례길을 걷는 내내 스페인은 복 받은 땅이라는 생각이 걷히질 않았다. 먹거리는 어디서건 넘쳐났다. 그중에서, 특히 올리브, 포도, 오렌지, 그 밖의 농산물과 우유를 비롯한 유제품 그리고 와인은 순례길 내내 풍족히 먹을 수 있었다. 한편 폭염이 내리쬐는 여름에는 나무 그늘 하나 없는 그야말로 사막이나 다름없다. 순례길 전 구간을 통해서 가장 악명 높은 구간으로 알려져 있기에 아예 일부 순례자는 건너뛰기도 하고, 어떤 이는 실제로 걸어 보니 고통 외에 무슨 의미가 있겠나 싶어 중도에 포기하고 중간에 버스나 택시를 이용하기도 한다. 반면에 어떤 순례자는 모든 구간 중에서 가장 행복했고 기억에 남는 길이었다고 한다.

나는 두 번의 순례길 모두 메세타 구간을 꼬박 걸었다. 그리고 지나고 나서도 그 길이 자꾸 떠올랐다. 봄보다 가을이 더 좋았다. 추수가 끝난 가을 메세타는 황무지였으며 광야였다. 게다가 코로나까지 함께 했으니, 그 길 위에 오로지 나 하나뿐일 때가 많았다. 길 앞뒤로 아무도 없이 혼자 걷고 있었다. 흡사 이 우주에 혼자

생존하고 있는 느낌마저 들었다. 나는 거기서 노래도 하고 춤도 추었다. 안치환의 "광야에서"를 제법 비장하게 불러봤으며, 송창식의 "왜 불러"도 불렀고 "고향의 봄"도 불렀다. 때론 스틱을 돌려가며 스코틀랜드 군악대 지휘자 흉내도 내보고. 되지도 않는 막춤도 추다가 손가락으로 하늘을 찔러대며 디스코도 췄다. 누가 봤다면 혼자 보기 아깝다고 했을 것이다.

그러나 진정으로 행복했던 까닭은 침묵 때문이었다. 살며 한 번도 느껴보지 못했던 거대한 침묵이 내 주위를 감쌌다. 가만히 서서 소리를 찾았다. 아무 소리도 없었다. 고막이 인지할 수 있는 최소한의 소리를 듣고자 귀에 손을 모았다. 그게 바람 소리였나 보다. 언젠가 커다란 고동에 귀를 댔을 때 들었던 그 소리였다. 육신이 빠져나간 빈집엔 꼭 바람이 잠들어 있었다.

햇빛도 구름 속에 있었고 대지는 저녁잠에 빠져있었다. 별을 깨우기 위해 바람은 우쭐대며 늙은 종탑을 흔들었다. 하나둘씩 별이 돋는 하늘로 종소리가 퍼졌다. 어떻게 여기까지 왔느냐고 신이 물었다. 이 먼 곳까지 나를 찾아왔느냐는 뜻으로 들렸다. 울컥 울음이 터졌다. 두 번의 메세타를 걷는 동안 생각보다 고통스럽지

않았다. 오히려 봄에는 꽃밭을 걷는 듯했고 가을엔
익은 포도밭에서 향긋한 누룩 냄새를 맡으며 걸었다.
주변에 '날씨 천사'가 있었는지 햇살은 대부분 구름 속에
숨어있었고. 비도 뿌리지 않았다. 만약 미리 힘들 거라고
포기했다면 많이 후회했을 것이다. 언제 다시 이런 침묵을
맛볼 수 있을지 모르겠다. 그 침묵이야말로 내 삶에서
무엇과도 바꿀 수 없었던 최고의 순간이었다.

철의 십자가

마침내 '폰세바돈'에 도착했다. 산티아고까지 250km 정도
　　　　　Foncebadon
남겨두었으니 2/3 정도 걸어온 셈이다. 프랑스 생장을 출
발하면서, "과연 산티아고까지 갈 수 있을까?"라는 의문은
계속 꼬리를 물고 따라왔다. 그래서 생각해 두었던 장소가
바로 폰세바돈이었다. 다시 말해 산티아고까지 못 간다면
적어도 여기까지만이라도 가야 한다는 마음이었다.

사실 산티아고 순례길을 알고 나서 가겠다고 마음을 정하
게 된 것은 이곳에서 30분 정도 떨어져 있는 '철의 십자가'
　　　　　　　　　　　　　　　　　　　　Cruz de Ferro
때문이었다. 흔히 '비움의 장소'라 불리는 철의 십자가는
순례자들 사이에서도 가장 의미 있고 흥미로운 장소로 꼽

힌다. 이 십자가는 실제로 해발 1,504m 꼭대기에 커다란 철 십자가가 있는 키가 큰 나무 기둥이다.

"누가 이곳에다 가장 먼저 돌을 얹었을까?
무슨 이유로 돌을 얹었을까?"

철의 십자가 주변에 돌을 두고 가는 전통은 순례길 여정 중에 내려놓지 못했던 마음의 짐을 버리고 자신의 새로운 삶을 기원하는 뜻으로 집에서부터 돌을 들고 왔다고 한다..
그 돌들이 쌓여 조그만 언덕이 되었다. 마음이 쌓여 만들어진 언덕이다. 돌뿐만이 아니다. 누구는 사랑했던 사람의 사진을 내려놓고 가고 누구는 반려견의 목걸이를 내려놓고 가고 누구는 차마 내려놓지 못하고 오랜 세월을 묵혀 두었던 마음의 짐을 내려놓고 가는 곳이다.
누구에게나 그런 짐들 한두 개씩은 있지 않겠나. 나 또한 마찬가지였다.
우리 집에는 15년을 함께 살아온 두 마리의 멍멍이가 있었다. 한 아이 이름은 "크리스"라고 불렀고, 다른 아이는 "마스"라고 불렀다. 그래서 우리 집은 하루도 빠짐없이 크리스마스를 외쳐대곤 했다. 행복했던 시간이었다.

크리스는 순하고 명랑한 아이였다. 하지만 선천적으로 몸이 약하고 간질증세까지 갖고 있었다. 아무렇지 않다가 갑자기 사지가 마비되고 이를 악문 입에서는 거품이 새어 나왔다. 그때마다 우리 부부는 크리스의 뻣뻣해진 몸을 주물러서 근육을 풀어주어야 했다. 그렇게 고통스러운 얼마간의 시간이 지나고 나면 크리스는 절룩거리며 제 집에 들어가서 몸을 추스르곤 하였다. 아내는 그런 크리스를 끔찍이 사랑하고 아껴주었다. 크리스 또한 아내의 사랑에 보답이라도 하듯 15년을 잘 버텨주었다. 그리고 추석이 지난 어느 일요일 아침에 크리스는 성당에 다녀온 아내의 품에서 눈을 감았다. 그 전날 밤, 예후가 좋지 않은 크리스 곁에 있어야 할 것 같았다. 크리스 옆에서 잠을 자다 깨다 하며 밤을 지새웠다. 눈을 뜨면 크리스는 커다란 눈으로 물끄러미 나를 바라보고 있었다. 며칠 전부터 녀석의 커다란 눈에는 눈물이 그렁했다. 사랑하는 가족과 죽음을 통해 이별을 경험했던 나와 달리 아내는 어떠한 생명과도 이별을 경험해 보지 못했다. 그렇게 크리스를 보내고 아내는 꽤 힘들어했다.

처음 순례길을 떠나기 전날 밤, 배낭을 꾸리고 있는 나에게 아내는 아기 손바닥만 한 종이상자를 내밀었다. 그게 무엇인지 짐작하고 있었다. 그 안에는 재가 된 '크리스'의 일부가 한지에 쌓여있었다. 아내는 오랫동안 입맞춤을 하고는 크리스를 내려놓았다. 지난 일 년간 아내는 어느 한순간도 크리스를 마음 밖으로 밀어낸 적이 없었다. 그만큼 힘겨워했던 아내의 얼굴에 안도의 표정이 스쳤다.

또 하나 있다.
"사랑하는 어머니에게"로 시작하는 그 편지의 끝은 "1998년 늦봄 어느 날 어머니의 아들 조윤올림"으로 끝나 있었다. 미리 말해두지만, 그 편지 속에서 진실은 그것뿐이었다.

23년 전 어느 날 나는 그 편지를 연구실에서 쓰면서 꽤 많이 울었다. 7년의 투병 끝에 재발한 암이 이제는 더 이상 어머니를 일으키지 못할 거라는 예감에, 마지막으로 어머니에게 드리고자 했던 편지였다. 예감처럼 어머니는 그해 가을에 힘겨운 생을 마감했다. 하지만 편지는 전해드리지 못했다. 어머니를 땅에 묻을 때, 그때라도 전해드리려고 했지만 무슨 경황이 있었겠는가. 결국 편지는 내 가방 속에서 스무 해가 넘도록 나와 같이 출근하고 퇴근했다. 그 사이에 연녹색 편지봉투 안에 든 그 편지를 단 한 번도 열어본 적이 없었다.

그리고 나는 그 편지를 들고 수만 리 떨어진 이국땅 폰세바돈까지 왔다. 사실 그 편지는 내 가방 속에서 있었으니 늘 내 곁에 두고 살았던 셈이다. 어찌할 도리가 없었다. 버릴 수도 없었고 누구에게 전달할 수도 없었다. 그리고 나는 '철의 십자가' 아래에 그것을 내려놓기로 한 것이다. 첫 순례길의 가장 큰 목적이었던 셈이다

새벽 2시에 눈이 떠졌다, 아침이 오면 '철의 십자가'에 오를 것이다. 함께 가져온 크리스의 일부와 함께 어머니께 전하지 못한 편지도 내 곁을 떠날 것이다. 나는 마지막으로 배낭 깊숙이 넣어두었던 편지를 꺼내 보았다. 봉투는 낡아 벌어져 있었으나 편지는 처음 접힌 그 상태 그대로였다. 그 편지를 쓸 때처럼 눈물이 쏟아질 것 같았다. 마음을 눌러가며 한 자 한 자 읽어 내려갔다. 그리고 뭐라 설명할 수 없는 아쉬움이 밀려왔다. 어떤 감정도 일지 않았다. 편지 내용은 별것 없었다. "사랑하는 엄마"로 시작한 아들의 오래된 사

랑 이야기는 껍데기일 뿐이었다. 그러고 나서 알아차렸다. 지나온 내 삶이 그랬다는 것을.
이전의 모든 것이 그렇게 부정되는 감정을 느끼자 혼란스러웠다.

어둠이 가시기 전에 산에 올랐다. '철의 십자가'는 생각보다 소박하고 평범해 보였다. 다행이었다. 돌들이 눌려 있는 한쪽을 치우고 가져온 것들을 내려놓았다. 말로는 짐이라고 했지만 다해주지 못한 후회를 십자가 앞에 맡겨둔 것뿐이라는 생각에 마음은 오히려 무거웠다.

아내와 함께 오른 두 번째 '철의 십자가'를 오르는 길에는 아무것도 가져온 것이 없었다. 산 정상에 오르자 아내는 '크리스'가 어디 있느냐고 물었다. 그리고 오랫동안 철의 십자가 앞에서 시간을 보냈다. 모든 생명은 누군가에게 사인을 보내며 산다고 믿는다. 사람뿐만이 아니다. 집에서 함께 사는 동물들도 그렇다. 우리 집 멍멍이는 나에게 와서 눈을 마주친다. 그 속에 밥을 달라거나, 산책을 가자 거나 때때로 물그릇에 물이 없다는 사인을 보낸다. 동물뿐이겠는가! 수군대는 바람, 별 사이를 흐르는 별똥별, 여명과 함께 지저귀는 새소리, 반딧불이의 궤적...
그러나 가장 어려운 일은 그 신호를 알아채고 응답하는 일이었다. 과연 나는 그 일에 얼마나 성실했으며 얼마나 친절했는가, 아니면 얼마나 오만했으며 모른척했는가? 걸으며 생각해 보니, 참 미련했고 모질었다는 생각에 울컥했다.

오 세브레이로의 기적
O Cebreiro

벌써 십여 년 전 얘기다. 아파트 생활을 청산하고 도심 주변에 전원주택을 짓고 살기로 하였다. 집을 짓는 몇 달 동안 허드렛일을 도맡아 해 주었던 '박 씨'라 불리는 인부가 있었다. 워낙 꼼꼼한 일솜씨에 별말 없이 묵묵히 일만 하던 그의 모습을 보면서 저희 부부를 포함해 공사하는 많은 사람이 치사를 아끼지 않았다. 공사를 끝마치는 날 고생했던 사람들과 함께 저녁 식사자리를 갖게 되었다. 공사책임자와 함께 우리 부부는 가톨릭 신자이다 보니 식사 전에 성호를 긋고 식사 기도를 하였다. 그 모습을 옆자리에서 지켜보던 박 씨가 대충 이런 얘기를 들려주었다.

"세 분 모두 하느님을 섬기는 사람들이라 드리는 말씀인데요. 저는 교회에 다니는 개신교 신자입니다. 그렇다고 성심을 다해서 믿는 것도 아니고 남들처럼 누구에게 교회 다니라고 권해본 적도 없습니다. 일을 하다 보면 절 일을 많이 해서 절 밥도 많이 먹곤 합니다. 그런데 재작년에 우리 교회에 치유의 은사로 알려진 목사님이 와서 부흥회를 했었습니다. 어느 날은 이빨이 아픈 사람들을 모아놓고 기도회를 했습니다. 제가 이가 좋지 않아서 저 또한 거기에 갔었습니다. 그리고 며칠이 지나서 이상한 일이 생겼습니다. 오래전에 어금니가 빠져서 '산플라티나(Sanplatina)'를 해 넣었었는데 그게 금니로 바뀐 거예요."

그러면서 그는 치과에 가서 몇 번이나 확인했다는 얘기와 함께 입을 벌려 어금니까지 확인시켜 주었다. 당연히 그의 입 안을 확인할 엄두는 나지 않았다. 황당하고 당황스러웠을 뿐이다. 흔히 '산뿌라치'라고 하는 '산플라티나'는 금이나 백금 대신, 치과 재료로 흔히 쓰이는 은백색의 크롬과 니켈 합금이다. 그런데 그게 금으로 변했다는 얘기다.

금이 되기 위해서는 우선 원소가 바뀌어야 하는데, '니켈(Ni)'과 '크롬(Cr)' 합금이 '금(Au)'으로 변했다는 얘기에 황당할 수밖에 없었다. 무엇보다 농담 한 번 안 하고 묵묵히 일만 하던 분이 갑자기 말도 안 되는 소리를 하니 당황스러웠다. "믿지 않으시겠지만..."으로 시작한 그의 얘기가 끝나기도 전에, 나이가 가장 많은 건축 책임자는 무슨 헛소리냐며 고개를 가로젓더니 이내 무시하고는 밥을 떴다. 우리는 한참 동안 아무 말도 못 하고 '박 씨'를 물끄러미 쳐다봤다.

이 얘기는 오랫동안 우리 부부와 주변 사람들에게 회자되었다. 얘기를 전해 들은 대부분 사람이 말도 안 되는 소리 그만하라며 혀를 찼지만, 아내의 생각은 조금 달랐다. 어느 누구도 믿을 수 없지만 본인은 철석같이 믿고 하는 얘기라 하였다. 다시 말해 하나님의 기적이 치유의 은사를 통해 자신에게도 일어났으며, 그 기적을 그리스도를 믿는 우리에게나마 알리고 싶었을 것이란 얘기였다. 그러면서 그의 믿음이 저렇게 완곡하다면, 그게 금이건 아니건 간에 그에게는 기적이 맞는 거라며 그의 편을 들어주었다.

생장에서 순례를 시작한 지 25일 만에 '오 세브레이로'(O Cebreiro)에 도착했다. 해발 1330m에 위치한 오 세브레이로는 순례자들이 갈리시아 지방에 들어왔을 때 마주치는 첫 마을이면서 가장 높은 곳에 있는 마을이다. 이곳에서는 무려 1500

년 전 켈트 시대부터 살았던 전통가옥 '파요사'를 볼 수 있
Palloza
는 곳이기도 하다. 여기서부터 산티아고까지는 150km가
남았다.
첫 번째 순례길에서 산티아고에 앞서 첫 번째 목적지가 '철
의 십자가'였다면, 두 번째 순례길에서는 오 세브레이로가
가장 중요한 목적지였다. '산타마리아 레알 성당'을 보기
Iglesia de Santa Maria la Real
위해서였다.

1300년경, 이 성당에는 사제의 의심으로 비롯된 성체 성혈
의 기적이 일어난 곳으로 잘 알려져 있다. 그 기적의 전설
은 이러했다.

근처 '바르사마이오르' 마을
Barzamaior
에 사는 '후안 산틴'이라는 독
Juan Santin
실한 신앙심을 가진 한 농부가
미사를 드리기 위해 극심한 겨
울 폭풍과 눈보라를 헤치고 성
당에 도착했다고 한다. 때마
침 미사 전례를 준비하던 사제
는 이런 날씨에 미사를 드리기
위해 성당에 오는 사람이 있을

거라고는 전혀 예상하지 못했으며 농부를 보자 빵과 포도주를 먹기 위해 여기까지 왔냐며 농부의 믿음을 조롱하면서 미사를 거행했다. 하물며 사제는 지극히 거룩한 성체 안에 있는 그리스도의 실제적 현존을 의심하면서 빵과 포도주가 그리스도의 몸과 피라고 축성하자 그때 기적이 일어났다. 성체는 살로 변했고 포도주는 피로 변했다. 가톨릭교회에서 빵과 포도주가 현존하는 예수 그리스도의 몸과 피로 변하는 기적은 대부분 성체 안에 예수님의 현존을 의심하는 사제에게 주로 나타났다.

내가 두 번째 찾은 오 세브레이로 성당에서 내가 보고자 했던 것은 기적의 성물이 아니었다. 기적을 일으켰다는 성배를 보면서도 내 마음 안에 어떤 변화도 일어나지 않았다. 나와는 상관없는 일이라는 생각마저 들었다. 그보다 나를 이끌었던 것은 성당 벽 한편에 붙어있는 걸개였다. 거기에는 '프란치스코 수도회' 이름으로 만들어진 기도문이 걸려
Franciscanos de Santiago
있다. 처음 순례길에서는 이 기도문이 있었는지도 몰랐다. 순례길을 준비하면서 이 기도문을 처음 접한 순간, 가슴이 뻐근해지면서 눈앞이 흐려졌다. 어쩌면 이것은 스스로에게 수없이 질문했던 그리고 이 길 위에서 내가 찾고자 했던 단

서를 찾은 느낌이었다. 가톨릭 교회에서 세례를 받고 스무 해를 훌쩍 넘겼다. 종교는 없을 때건 있을 때건 불편했다. 하지만 신앙은 갖고 싶었다. 켜켜이 시간이 쌓일수록 삶은 무의미해졌고 뒤집어진 세상 앞에서 나는 멀미했고 무기력했다. 사는 게 별 거냐고 다들 그렇게 산다는데, 그것만큼은 인정할 수 없었다. 사는 건 아주 특별한 일이고 다들 힘겹게 목숨줄 부지하며 사느라 발버둥 치고 있었다. 결국 신이 필요했다. 나를 위탁하고 무릎을 꿇을 수 있는 곳은 신밖에 없었다. 그렇게 이십여 년을 신앙인이라고 자처하며 살았다. 말 그대로 껍데기 신앙인 노릇을 하며 살았던 셈이다.

두 번의 산티아고 순례길을 마쳤다. 고구마 같던 마음이 조금 풀어졌다. 무엇이 그렇게 만들었는지는 모르지만, 신앙은 불편한 게 아닐 거라는 걸 알았다. 보이지 않는다고 없는 것이 아니라는 것과 순례길을 걷는 동안 하나님과 내가 함께 걸었던 때가 있었던 것 같기도 했다. 오세브레이로 성당의 '순례자의 기도'를 통해서 **하나님과 나사렛 예수님을 알아보지 못한다면, 나는 그 어느 곳에도 도착한 것이 아니라는 의미도 알았다.** 그러자 나의 순례길이 명확해지기 시작했다. 사제조차 주님의 현존에 대한 믿음을 의심하는데, 매일 죄와 함께 사는 풋내기 신앙인의 믿음이란 얼마나 얇고 허망한 것인지, 그런 사람이 주님의 현존을 의심하는 건 당연했다. 그런 평범한 사람 마음속에 들어온 기도문 하나가 이렇게 큰 울림을 줄 수 있었던 것이야말로 나에게 기적이었다.

많은 사람이 기적을 바란다. 순례길에서조차 산티아고를 다녀가면 자신에게 커다란 기적이 일어날 것처럼 기대하기도 한다. 그러나 실제로 내 앞에서 초현실적인 기적이 일어난다면 나는 떨리고 두려울 것이다. 이루어질 수 있다면, 사는 날까지 내 마음이 조금씩 조금씩 변해서 예수님 마음 한 귀퉁이라도 닮아갈 수 있다면 좋겠다.

비록 내가
산을 넘고 계곡을 건너
동에서 서로 모든 길을 걸었다 해도
나 자신이 되는 자유를 찾지 못했다면
나는 그 어느 곳에도 도착한 것이 아닙니다

비록 내가
다른 말을 하는 이방인들과
나의 물건을 나누고,
천 갈래 길 위의 순례자들과 친구가 되고
성인이나 왕자와 알베르게에서 함께 묵었더라도,
내일 만나는 이웃을 용서할 마음이 없다면
나는 그 어느 곳에도 도착한 것이 아닙니다

비록 내가
처음부터 끝까지 나의 배낭을 지고
뒤처진 순례자들을 기다려줬다 해도,
나보다 늦게 온 이들에게 잠자리를 양보했더라도
집과 일터에서 동료애를 나누지 못하고
행복, 평화, 하나됨을 누리지 못한다면
나는 그 어느 곳에도 도착한 것이 아닙니다

비록 내가
낮에는 물과 음식을 먹을 수 있었고
밤에는 지붕 아래서 목욕을 하고
상처 입은 곳을 잘 보살폈다 해도
그 모든 것에서 하나님의 사랑을 찾지 못했다면
나는 그 어느 곳에도 도착한 것이 아닙니다

비록 내가
수많은 기념물을 보고
가장 아름다운 석양을 감상했더라도
수많은 언어로 인사 건네는 법을 배우고
수많은 샘의 깨끗한 물을 마셨더라도
그토록 많은 무상의 아름다움과 평화를 창조한 이가
누구인지 발견하지 못했다면
나는 그 어느 곳에도 도착한 것이 아닙니다

만약 오늘부터 당신의 길을 걷지 못하고
의미를 찾고 깨달은 대로 살지 못한다면
만약 오늘부터 사람들 속에서, 그게 친구든 적이든 그 안에서
카미노의 동반자를 보지 못한다면
만약 오늘부터 내 삶의 유일한 절대자,
하나님과 나사렛 예수님을 알아보지 못한다면
나는 그 어느 곳에도 도착한 것이 아닙니다

-Franciscanos de Santiago
〈류기일 옮김〉

Santuario de Santa María Real do Cebreiro

오 세브레이로 산타마리아 성당의 모습

도착

'숀탠'이 지은 '도착'이라는 그림책이 있다. 일러스트나 그
(Shaun Tan)   (THE ARRIVAL)
림 동화에 관심 있는 독자라면 익히 알려진 책이다. 이 그
림책에는 처음부터 끝까지 글자가 하나도 없다. 그러니 그
림을 보면서 독자 스스로 이야기를 풀어가며 읽어야 한다.
무슨 책이 그러냐고 할지 모르지만, 책을 열어보면 그 속에
그려져 있는 인물들의 표정 하나하나가 예사롭지 않다. 그
책 끄트머리에 가방 하나와 지도를 들고 도착한 여인이 어
린 소녀에게 뭔가를 물어보며 도움을 받는 듯한 모습이 보
인다. 여인이 도착한 곳은 모두가 동경하는 신세계다. 도움
을 주고 있는 어린 소녀 역시 어려운 역경을 이겨내고 얼마

전에 도착한 이주민이다. 그런데 여인의 표정에서 기뻐하거나 행복한 기색은 보이지 않는다. 오히려 긴장한 표정이 역력하다. 이 책의 마지막 장면이다.

이제 순례 막바지에 이르렀다. 내일이면 그렇게 가고자 했던 산티아고에 도착한다. 순례자마다 목적지의 의미는 남다를 것이다. 성인 야고보의 참례를 통하여 자신의 신심을 하느님께 봉헌하고자 했던 순례자, 800km의 도보 순례라는 도전을 통하여 자신의 삶에 대한 전환을 꾀하고자 했던 순례자, 일상에서 벗어나 물아일체의 침묵과 자유를 얻고자 했던 순례자, 그 무엇이 되었건 내일이면 막을 내린다. 도착한 뒤에 어떤 감회가 뒤따를지는 알 수 없지만 누구에게나 '위대한 여정'이었을 거라고 확신하고 축하드리고 싶다. 그리고 이제, 우리는 다시 일상으로 돌아가야 한다.
"다시 일상으로!"
나는 무의식적으로 같은 말을 되풀이하다가, 한순간 모든 것이 멈춰 선 듯했다. 그리고 길고 긴 터널에서 빠져나올 때의 느낌처럼 눈이 부셨다. 이렇게 단순한 진리를 이제야 깨닫다니, 난 "유레카!"라고 소리라도 지르고 싶었다.

쭉 그래 왔다. 도착은 출발과 맞닿아 있었다. 끊임없이 도착했고 끊임없이 출발했다. '도착'과 '출발'은 목적어일 뿐, 그 사이에 어떠한 경계도 없었다.

자정, 어제와 오늘이 맞닿아 있었다. 순간과 영원도 맞닿아 있었다. 아니, 맞닿아 있다는 말조차 언어적 해석에 불과할 뿐, 어떠한 이음매도 없었다.

꿈과 현실은 어느 새벽에 닿아 있었다.

대지는 하늘과 닿아 있고 우주는 거침이 없어 내 상상 너머에 있으니, 언젠가 읽었던 윌리엄 블레이크의 한 구절을 이제야 끄덕일 수 있었다.
William Blake 1757~1857

"하나의 모래에서 우주를 보고 한 송이 들꽃에서 천국을 본
〈모든 것은 노래한다〉, 데니스 우드 지음, 정은주 옮김, propaganda 11p
다. 너의 손바닥에 무한을 쥐고 순간 속에 영원을 붙잡아라."

아주 희미했었는데 조금씩 윤곽이 드러나는 듯했다.
보이는 것과 보이지 않는 것도 닿아 있지 않을까? 그래서 끊임없이 의심했던 신은 나와 닿아 있었을까?
나의 기도는 누가 들었을까?
어디까지가 삶이고 어디부터 죽음일까? 어쩌면 죽음과 탄

생도 맞닿아 있지 않을까 싶다. 아무리 하찮은 생명이라도 죽음을 꿈꾸진 않았을 터, 함부로 죽지 말아야 한다.

순례자마다 산티아고에 입성하기 전날, 마지막 마을을 어디로 정할지를 두고 고민한다. 상당수의 순례자는 산티아고를 코 앞에 둔 채 대성당에서 고작 4km 떨어진 '몬테 도 고소' 알베르게에 묵으려고 한다. 어느 순례자 10km 정도를 남겨둔 '라바코야'라는 마을로 정하기도 하고 어느 사람은 평소대로 20km 정도의 거리가 있는 '오페드로우소'를 마지막 마을로 정한다. 물론 그 사이에도 숙박할 수 있는 작은 마을들이 있다. 어느 순례자는 오전에 도착하기 위해 최대한 짧은 거리만을 남겨두려고 하고 어느 순례자는 평소대로 걸으려고 한다. 최대한 짧은 거리를 남겨두려는 순례자에겐 그만한 이유가 있을 것 같다. 바쁜 일정으로 산티아고 대성당에서 봉헌되는 순례자를 위한 정오 미사에 참석하기 위해 그럴지도 모르겠다. 그러나 시간상으로 여유 있는 순례자라면 정오 미사를 고집할 필요는 없다. 보통 대성당에서는 아침부터 저녁까지 이어지는 모든 미사가 순례자를 위해 봉헌되고 있으니, 오히려 번잡한 정오 미사보다 오전 또는 늦은 저녁 미사가 감동으로 다가올 수 있다.

미리 미사 시간을 확인하고 싶다면 산티아고 대성당 공식
사이트를 통해 알아볼 수 있다.
https://catedraldesantiago.es

두 번의 산티아고 입성을 경험한 끝에 나온 개인적인 생각은 도착하는 시간보다 도착하는 날이 더 중요해 보였다. 산티아고는 잘 알려진 것처럼 예루살렘, 로마와 함께 기독교 3대 성지중 하나이다. 도보 순례자 개인에겐 특별하고 의미 있는 목적지가 되겠지만, 여러 교통편을 이용하여 산티아고에 도착하는 일반 순례자뿐만 아니라 여행사에서 모집한 단체 관광객까지 뒤섞여 일 년 내내 붐비는 관광지가 되었다.

특히 봄, 여름에 걷는 순례자가 주말에 산티아고에 도착한다면, 어마어마한 인파에 어리둥절할 것이고 일부 순례자는 상실감까지 느낄 수 있다. 자신만의 세레머니를 기대했다면 그 실망 또한 커질 수밖에 없다. 게다가 숙소 비용은 상상 이상이다. 호텔의 경우 파리나 런던 수준의 숙박료를 지불해야 하며 그마저도 대성당 주변에서는 객실 구하기가 만만치 않다. 당연히 순례자를 위한 알베르게나 호스텔 역시 마찬가지다. 주말에 도착하는 일정이라면 오히려 일요일에 도착하도록 미리 일정을 조정하는 것도 좋은 방법일 수 있다. 그마저도 변경이 어렵다면 미리미리 알베르게나

호텔을 예약해 둘 필요가 있다.

지난 한 달 남짓, 순례자 눈에는 순례자 밖에 보이지 않았다. 모든 길은 순례자를 위해 존재했고 마을 주민들은 순례자를 위해 헌신적인 시중이 되어 주었다. 잠자리와 음식은 순례자를 위해 마련되었고 세상은 순례자를 중심으로 돌아가고 있었다. 당연히 그들의 최종 목적지 산티아고는 그들의 것이어야 했다. 위풍당당하게 대성당 '오브라도이로광장'에 도착하면서 끝을 맺어야 했다. 하지만 산티아고는 이미 그들의 손아귀에서 벗어났다. 사태 파악이 안 되는 순례자들은 실망을 넘어 여기까지 온 것에 대한 후회가 밀려올 수도 있다. 하지만 그럴 일은 아니다. 그 위대한 여정만큼은 무엇으로도 훼손될 수 없을 테니, 행복해야 할 일이다.

<small>Plaza del Obradoiro</small>

물론 산전수전 다 겪고 산티아고까지 도착한 순례자에게 기우일 수 있지만 혹 어느 순례자에겐 자신이 꿈꿔 온 산티아고를 상실할까 봐 드리는 말씀이다.

첫 번째 순례길에서 산티아고에 도착했을 때는 11월 초였다. 순례길이 북쪽에 있다 보니 도착할 즈음 산간마을엔 눈 소식이 TV를 통해 전해지고 있었다. 물론 코로나 판데믹

영향도 있었지만, 순례자로 북적여야 할 '오브라도이로' 광장조차 초겨울의 쓸쓸한 기운까지 느낄 수 있었다. 광장에서서 한참을 종탑을 쳐다보고 있는데 누가 어깨를 툭툭 쳤다. 뒤돌아보니 '야콥'이었다. 아이슬란드에서 온 '야콥'이었다. 35일 만에 산티아고에서 다시 만나다니 뜻밖이었다. 일흔 살 남짓한 나이에 마른 체형, 거기에다 키는 190cm가 넘어 보였으며 연한 회색 눈동자를 가진 눈빛은 이곳에서 더욱 신비롭고 따뜻해 보였다. 우리는 악수와 함께 가벼운 포옹을 하고는 지난 시간에 대해 잠깐 얘기했다. 론세스바예스 알베르게 저녁 식사 자리에서 처음 봤던 그를 순례길에서는 한 번도 마주친 적이 없었다. 그는 나에게 론세스바예스에서 자신을 만나고 곧바로 집에 간 줄 알았다며 농을 걸었다. 그랬다. 식사 자리에서 자기소개할 때 사도 요한인 내가 형 야고보를 만나기 위해 산티아고를 가려는데 바로 여기서 야콥을 만났으니 집에 가도 되겠다는 말을 기억하고 있었다. 참고로 '야콥'은 '야고보'와 같은 이름이다.

그로부터 2년 반이 지난 6월 초에 똑같은 길을 아내와 함께 걸어서 도착했다.
도착은 언제나 설레지만 그만큼 힘들었다. 두 번 걸었다고 예외는 아니었다. 게다가 도착하는 날이 일요일이었다. 산티아고 입구에 있는 '몬테 도 고소'에는 캠핑족이 퇴거하고 있었으며 순례자와 여행객이 뒤엉켜 있었다.
Monte do Gozo

여기까지 도착하면 거의 다 왔다고 생각했는데 대성당까지 아직 4km를 더 걸어야 한다. 몬테 도 고소의 긴 언덕길을 내려오다 보면 고속도로 육교를 건너게 된다. 그러면 마침내 산티아고 시가지로 들어서게 된다. 입구에 산티아고 대학교가 있다. 대학교를 왼쪽에 두고 차도를 따라 오르막을 걷다 보면 왼쪽으로 난 구시가지 골목을 향해 화살표가 그려져 있다. 거기가 '카사 레이아스' 거리다. 거기부터 여러
Rua das casas Reais
갈래의 중세골목이 이어진다. 혹 잘못 들어섰다 해도 하등 걱정할 이유는 없다. 어디로 가나 대성당과 연결되어 있다. 이미 그대는 대성당 주변을 맴돌고 있을 테니, 어디쯤에서 대성당 종탑이 보이거나 백파이프 소리가 들릴 것이다.

골목에 들어서자 이제 정말 끝이라는 아쉬움과 미련이 밀려왔다. 그리고 가슴이 뛰기 시작했다. 800km의 고된 여정, 이제 마침표를 찍는 시간이 다가온 것이다. 종탑이 솟아있는 오브라도이로광장에 도착하는 순간, 우리에게 남은 길은 더는 없었다. 좁은 골목길을 따라가니 종탑이 보이기 시작했다. 그리고 백파이프 연주 소리가 점점 가까이 들려

왔다. 그리고 아치 계단이 눈에 들어왔다. 저 계단을 내려가서 왼쪽으로 돌면 정말 마지막 종착지 오브라도이로광장이다.

첫 번째 도착 때에는 가슴만 뛰었다.
"아! 이제 정말 다 왔다."
"내가 정말 해냈어…."
무사히 도착했다는 안도감과 스스로 잘했다는 뿌듯함이 어떤 감정보다 앞서다 보니 눈물은 아예 없었다.

두 번째 도착은 조금 달랐다. 아내는 광장에 도착하기 직전부터 어찌할 바를 몰라했다. 얼굴은 상기됐고 끝났다는 후련함보다는 짙은 아쉬움이 가득해 보였다. 그리고 광장으로 들어서서 종탑을 바라보며 아내의 두 눈에 그렁그렁 눈물이 고였다. 그 모습을 본 나 역시 가슴이 더워졌고 눈시울이 붉어졌다. 그랬나 보다. 뭔가 잘하고 완벽했을 때보다 아쉽고 부족했을 때가 실체에 더 가까워질 수 있다는 것을….

광장에 도착한 순례자들의 표정은 다양했다. 손뼉을 쳐주고 서로 포옹을 해주는 순례자들, 여럿이서 손을 잡고 원을 도는 순례자들, 세상을 다 얻은 것처럼 자신의 폴과 함께 두 팔을 번쩍 들어 올리는 순례자와 얼굴을 감싸고 눈물을 쏟아내는 순례자도 있었다. 그대로 주저앉은 채 한참을 미동도 하지 않는 순례자도 있었고 누군가에게 울먹이며 통화를 하는 순례자와 배낭을 등지고 누워 망연히 종탑을 쳐다보는 순례자와 자신의 순례 인증서를 펼쳐 보이며 사진을 찍는 순례자, 자신의 반려견과 함께 기쁨을 나누는 순례자도 보였다.

도착한 날, 저녁에는 대성당에서 봉헌되는 미사에 참석했다. 생각보다 많은 사람이 성당을 가득 메웠다. 상당수는 선체로 미사에 참여하였고 통로까지 사람들이 밀려들어 왔다. 순례자뿐만 아니라 산티아고 시민으로 보이는 신자들도 많아 보였다. 주일 미사라 그러려니 했다. 먼발치에 길에서 자주 마주쳤던 한국인 부부와 딸이 보였다. 그리고 나는 깜짝 놀랐다. 그들의 옷차림 때문이었다. 세 명 모두 깨끗한 정장 차림을 하고 있었다. 게다가 잘 다듬어진 머리와 과하지 않은 화장까지 완벽한 매무새였다. 내가 알기로 그분들은 가톨릭 신자가 아니었다. 하지만 그게 무슨 상관인가. 지금, 이 순간만큼은 하느님이 가장 사랑하는 순례자의 모습을 하고 있었다. 순례자라고 입던 옷 대충 입고 앉아있는 나와는 사뭇 달라 보였다.

내 앞에 있는 타인이 나의 거울이란 말은 정확하고 옳았다. 그래서 부끄러웠다. 그분들이 미사를 대하는 모습은 보란 듯이 겸손했고 진심이었으며 아름다웠다.

미사를 마치고 광장에 나오니 종소리가 울리기 시작했다. 미사가 끝나고 울리는 의례적인 종소리라고 여겼는데 그 울림이 예사롭지 않았다. 종탑이 아니라 하늘에서 우레가 쏟아지는 것처럼 웅장했으며 시간을 가늠할 수 없을 만큼 종소리는 멀고 길게 하염없이 울려 퍼졌다. 산티아고 도시 안은 물론 순례길 위에 있는 모든 사람이 들을 수 있을 만큼 그 소리는 울림이 되어 온몸을 휘감았다. 시간을 재보니 무려 20분을 넘기고 있었다. 종소리가 멈출 때까지 우리는 종탑 아래에서 꼼짝없이 멈춰있었다.

잠시 후 광장에서 반가운 얼굴들과 마주쳤다. 우리와 같은 날 출발했던 한국인 부부였다. 처음 생장에서 봤을 때와 사뭇 달라진 얼굴이다. 조금 더 야위었고 피부색은 짙어졌다. 그런데 표정만큼은 한결 편안해졌고 평화로워 보였다. 누가 봐도 더 건강해졌다는 것을 한눈에 눈치챌 수 있었다.

아이스크림을 사겠다고 했다. 골목으로 들어서자 주변이 어수선해지기 시작했다. 우연이었다. 거대한 행렬이 시작되었다. 아내가 한국에 있는 수녀님으로부터 받은 문자라며 휴대전화를 보여 주었다. 거기에는 '그리스도 성체 성혈 대축일'에 성지에 있는 두 분이 부럽고 축하한다는 내용이 담겨있었다. 보통 사람에게는 생소하겠지만 전 세계 가톨릭교회에서 같은 날짜에 행하는 전례 의식이라 보면 되겠다. 특히 산티아고 대성당에서는 대축일 미사를 마친 후 성광에 성체를 모시고 성체 행렬과 성체 강복을 통해 그리스도의 몸과 피가 성체와 성혈로 변화되는 신비를 기념하는 행사를 거행하는 중이었다. 그제야 오늘 미사 전례부터 종소리며 행렬에 이르기까지 의아했던 모든 게 한꺼번에 풀리는 순간이었다.

도착 후 3일 동안 산티아고에 머물렀다. 사실 산티아고는 대성당 주변 외에 특별히 가볼 만한 곳은 없었다. 그러니 3일 내내 대성당 주변만 맴돌았다. 매일 미사에 참석했고 주로 '오브라도이로광장'에서 도착하는 순례자들을 살펴봤다. 내 마음도 조금씩 헛헛해지고 있음을 느꼈다. 잠시 돌아가는 길을 잃고 있었는데, 이제 돌아가야 할 때가 되었다.

평소와 다른 짐을 쌌다. 더는 판초 우의가 필요 없어 보였다. 해지기 직전의 양말과 수건, 꾸역꾸역 모아두었던 세면용품도 모두 덜어냈다. 호텔을 나설 때는 나와 함께 걷고 때론 의지했던 스틱도 두고 나왔다. 배낭은 올 때보다 비어 있었다.

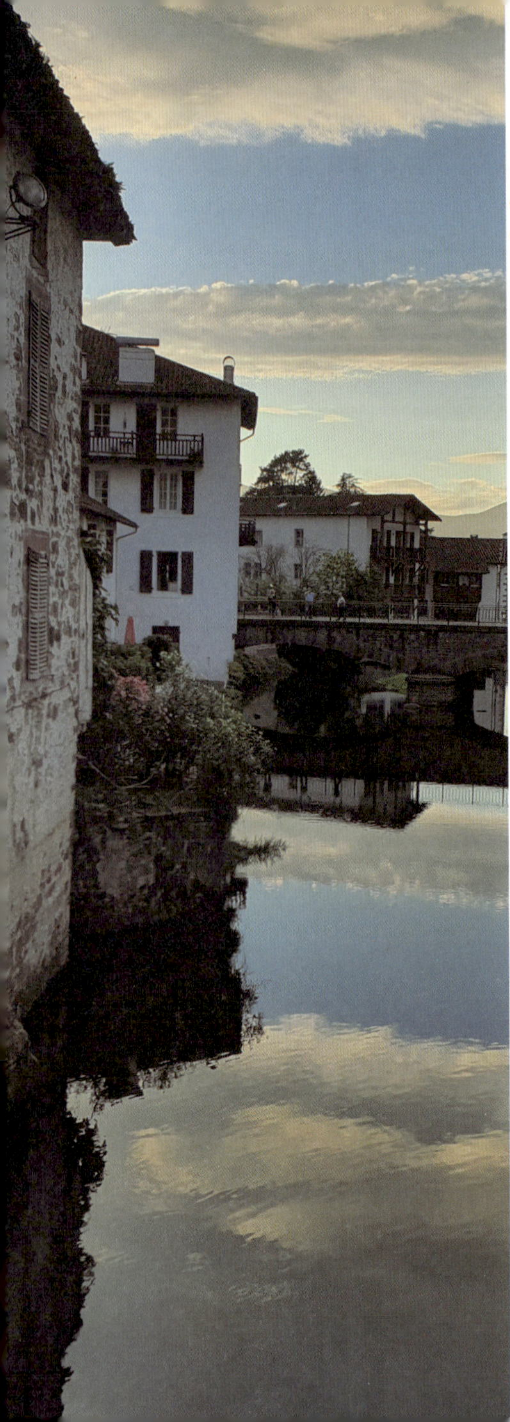

Saint Jean Pied de Port

le 1-10-02

ASOCIACIÓN RIOJANA DE AMIGOS DEL
CAMINO DE SANTIAGO
ALBERGUE DE PEREGRINOS
Tel. 941 260 234 - LOGROÑO

M. I. CATEDRAL
04 OCT 2021
PAMPLONA

Hijas de Santa María de la Providencia

(A Coruña)

Astorga

Santiago de Compostela

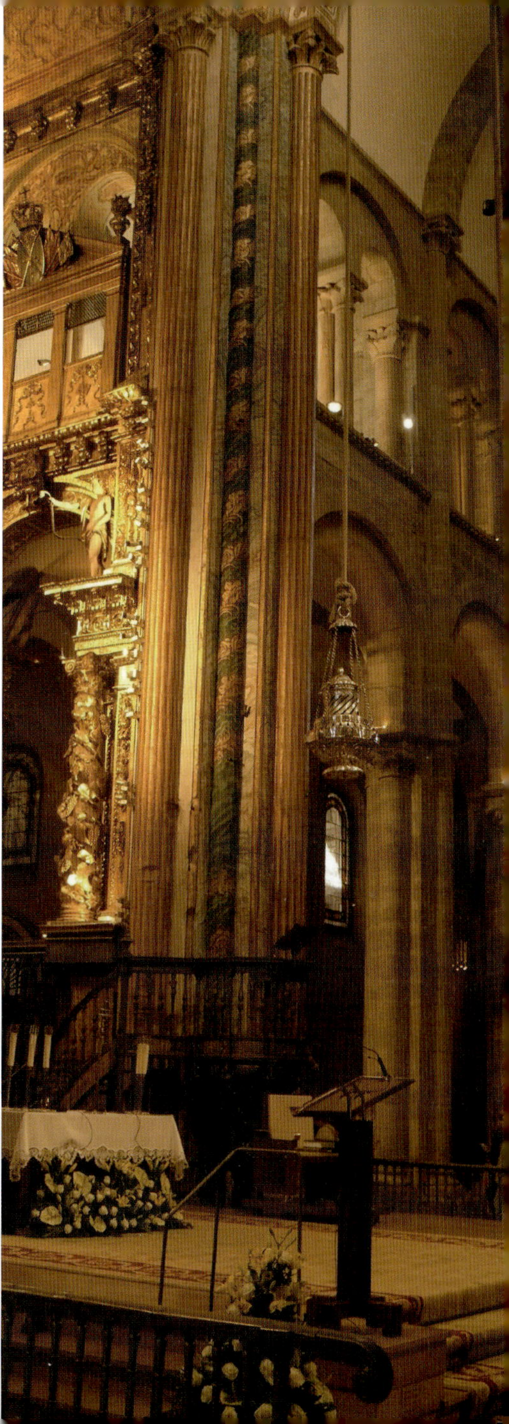

바람
구름
안개
새벽

어디에도 사람의 모습은 보이지 않았다. 양들에게도 어떠한 경계도 없어 보였다. 저러다 양을 잃어버릴 수도 있겠다는 생각을 잠깐 했는데, 그들이 피레네의 주인이라는 사실을 잠시 잊었다.

5월의 순례길은 온통 밀밭이었다. 그 밀밭으로 바람이 불면 밀밭은 거대한 바다가 되었다. 그 바다 위로 먹구름이 아가리가 되어 삼켜버릴 듯 다가오고 아직 여물지 못한 밀 이삭은 파도가 되어 일렁였다.
산티아고에 닿을 즈음이면 이들도 단단한 밀알이 되어 있을까?

도대체 왜, 여기를 '용서의 언덕'이라 했는지 모르겠다. 오르는 길이 워낙 힘들다 보니, 서로 의지하고 위로하며 순례 여정을 함께 하라는 뜻이라 여겨본다.

사진 정보를 확인해 보니 10월 13일 오전 7시 45분에 촬영되었다. 그만큼 가을 순례길은 새벽이 깊다.
알베르게를 나서서 조금 걷다가 뒤돌아 보는 습관이 생겼다. 순례길 위의 마을은 한 번 지나가면 다시 보기 어렵다. 보이지는 않겠지만 손을 흔들면서, 마을 사람들의 이런 저런 배려에 고마움을 전한다.

아침 해를 등에 지고 걷는 길이 산티아고 순례길이다. 걷다보면 문득 혼자만 걷고있다는 생각이 들곤 한다. 그러다 뒤를 돌아보면 누군가 내 등을 바라보며 따라오는 순례자가 있기 마련이다.

길

한 무리의 양 떼가 집으로 돌아가고 있다. 뒤에서 양을 몰고 오는 목동은 80세는 됨직한 할머니였다. 빨리 집에 가고 싶은 양치기 개의 발걸음이 분주하다. 왠지 양치기 개와 할머니 자리가 바뀐 것 같기도 하고...

산티아고순례길에서는 고개를 들어 하늘을 보지 않는다.
하늘은 언제나 발 끝에 머물러 있다. 어느 날은 10km를 걸어도 집 한채를 볼 수 없었다.

생명

너도밤나무 줄기에 새로운 싹이 돋기 시작했다. 대지에는 지난 가을에 떨군 낙엽들이 선명하고 싱싱해서 봄은 아직 멀었다며 자리를 비켜줄 생각이 없어 보인다.
봄과 가을이 공존하는 시간 속에서 나의 봄도 어딘가 있을 것 같아 두리번 거렸다.

라스 에레리아스Las Herrerias 마을, 오래된 전통가옥 돌담에 작은 문이 나있다. 그 문이 무엇에 쓰이는 지는 알 수 없지만 거기에 "La vida"라고 써 있는 글씨가 눈에 띄었다. "삶"이란 뜻이다. 그 돌틈 사이로 하잘것 없어보이는 양치식물과 이끼가 보란 듯이 살고 있었다.

순례길을 걷다보면 다양한 종류의 생명들과 조우하게 된다. 특히 봄길이라면 달팽이부터 방목하러 목초지로 이동하는 소, 말, 양들을 길에서 자주 마주친다. 방목을 위해 가축들이 줄지어 나갈 때, 가끔 옆으로 새어 한눈을 파는 녀석도 있지만 제 무리에서 이탈하는 경우는 거의 없다고 한다.

보호받지 못하는 동물들도 간간히 눈에 띈다. 주로 동네에서 거주하는 걸로 보여지며 특별히 사납거나 위험해 보이지는 않았다.

피레네산맥 자락에는 참나무와 너도밤나무 숲이 잘 보존된 '이라티 숲'(Selvade Irati)이 있다. 이라티 강이 흐르고 거기서 송어낚시를 하는 광경은 헤밍웨이의 소설에서도 언급될 정도로 아름다운 풍경을 자아내고 있다.

이곳에는 이지역 토종 품종인 '부르게테'(Burguete)말이 있다. 특히 이 말은 힘이 세고 저항력이 강해 혹독한 피레네 겨울 환경에서도 잘 적응해 왔으나, 최근에는 사육하는 목장이 줄어들면서 그 수도 감소하고 있다고 전해진다.

5월의 순례길, 어디를 가도 양귀비와 유채꽃 범벅이다. 누가 심었을 리 없다. 때가 되면 바람과 구름이 씨를 뿌려 만든 꽃밭이다.

어디에서건 함께 살자고 하는 생명이 있기 마련이다.

방향

순례자에게 저 화살표는 생명선이나 다름없다. 안보이면 불안하다가 보이면,
당신은 지금 잘 가고 있다는 것
이 길을 따라가면 동료 순례자를 만날 수 있다는 것,
이 길은 천 년전부터 오늘, 내일, 그리고 또 다른 먼훗날까지 당신의 발자국을 기억하고 있다는 것

이런 질문을 받았다.
"가리비에도 방향이 있나요?"
나 또한 무척 궁금했었는데, 지금은 가리비는 방향이 없다고 분명히 말할 수 있다.
만약 가리비에 방향이 있다면 무척이나 혼란스러울 것이다. 간혹 누군가 가리비 주름(선)이 모아지는 쪽이 순례자가 산티아고로 모인다는 뜻이니, 그게 방향이라고 얘기하는 사람도 있다. 하지만 실제로 길을 걷다보면 가리비 방향과 화살표 방향은 어긋나는 경우가 많다. 그러니 노란 화살표만 믿고 걸으시길 바란다.

안개가 끼고 비 오는 산길에선 시야가 좁아져서 화살표를 잃어버리기 쉽다. 게다가 주위에 순례자가 보이지 않거나 오랫동안 화살표가 보이지 않았다면 자신이 길을 잃지 않았는지 꼭 확인해 봐야 한다.

앞서거니 뒷서거니 하며 자주 만나던 순례자들도 어딘가에서 한 번 어긋나면 영영 못만나게 된다. 그 중에는 꼭 한번 다시 보고싶은 순례자도 있기 마련이다. 그래서 저마다의 방법으로 안부를 묻기도 하고 길 위에다 인사를 전하기도 한다. 고마웠다고...

도심이나 포장된 도로에서는 별도의 화살표 표식을 하기 어려워 바닥에 표시하는 경우도 많다. 또한 지방마다 자신들만의 순례길 로고를 만들어 순례자가 길을 잃지 않도록 배려하는 자치단체도 있다.

순례자

대부분의 순례자는 자신의 배낭을 메고 가는 도보 순례자들이다. 전체 순례자 중 5% 정도는 자전거 순례자들이다. 산 길과 오르막 길도 서슴없이 오르 내리는 자전거 순례자들을 볼 때마다 그들의 체력에 놀라곤 한다.
버스를 타고 가는 순례자도 있고 말을 타고 가는 순례자도 있다. 드물지만 나귀를 끌고 가는 순례자도 보았다. 잘 걷던 녀석이 종종 주인의 배낭 안에 들어가 있다.

언덕길을 힘겹게 오르고 있는데 말을 타고 가는 사람들이 앞서 간다. 궁금해서, 당신들도 순례자냐고 물어 보았다. 그러자 서슴없이 자신들도 순례자라고 한다. 부러우면 지는 거라 했는데, 부러웠다.

마을과 마을 사이가 길거나, 험한 산길에는 푸드트럭이 자리하고 있다. 사막의 오아시스 마냥, 지치고 배고플 때 어김없이 나타난다. 그냥 지나 가기가 어렵다

언제나 순례자의 등 뒤에서 해가 떴다

비바람이 몰아치는피레네를 넘어가면서 반려견과 함께 걷는 순례자를 보았다.
"내 한 몸 보살피기도 힘든데, 반려견이라니…"
산등성이 하나를 넘을 때까지 그들의 뒤를 따라가는데 멍멍이가 자신의 주인을 자꾸 올려다 본다. 뭔가 하고싶은 얘기가 있는 듯 했다.
"괜찮으세요. 나는 괜찮아요."

스페인 발렌시아에서 왔다는 나타샤 부부는 자신들의 반려견 3마리와 함께 산티아고까지 간다고 했다. 멍멍이들은 모두 대형견이고 성격은 순하고 명랑해서 모든 순례자의 친구가 되어 주었다. 그런데 앞에 앉아있는 하얀 멍멍이는 노견에다 다리가 불편한지 걷지 못하고 남편이 끄는 유모차를 타고 다닌다. 산길과 돌길을 밀고 끌면서 오르내리는 일은 상상을 초월한다.

마냥 어린아이처럼 즐겁고 행복한 미소를 짓고있는 이들로 부터 작은 선물을 하나 받았다.
플라스틱으로 만든 3cm 정도의 작은 손모양이었다. 이름하여 '모초의 손'이라 부른다.
이 손은 까미노에서 만나는 순례자들 간에 형제애를 상징하는 의미로 '모초'라는 순례자가 처음 만들어 순례자에게 나누어 주었다고 한다.

어떤 신발을 신었건, 얼만큼 훈련을 했건 간에 보통 걷기 시작해서 20km를 넘어가면 다양한 부위에서 고통이 최고에 다다른다. 대부분 순례자는 발 부위에 통증과 열감이 나타나고 어떤 순례자는 허리가 앞으로 쏠리고, 어떤 순례자는 배낭을 맨 어깨가 끊어질 듯 아파 온다.
어떤 때는 목적지를 1km 남겨두고 한 시간 이상 걸어야 하는 경우도 허다하다. 그래서 훈련이 안된 채 순례를 떠나는 경우, 가을보다는 봄 순례길을 추천한다. 5월과 10월의 낮 길이가 6시간 이상 차이가 나기도 한다. 그만큼 여유를 갖고 걸을 수 있다.

마을

어떤 마을이 '아름다운 마을'인지 정의할 수 없다. 순례자마다 마을에서 느껴지는 언어는 저마다 다를 것이다. 순례길을 마치고 집으로 돌아와서 문득문득 떠오르는 마을이 있다면, 그 마을이 아름다운 마을이 아닐까 한다.

순례길 위에서 거치는 모든 마을에는 성당이 있었다. "있었다"보다 "있어야 한다"가 더 어울릴 것 같다.
어쩌면 스페인에서는 마을이 되기 위한 최소 조건이 성당일 거라는 생각마저 들었다.

'오스피탈 데 오르비고'Hospital de Orbigo 마을 입구에는 순례길중에서 가장 긴 다리 Puente del Passo Honroso가 놓여져 있다.

푸엔테레이나(Puente Reina)의 여왕의 다리 전경

11세기 카스티야 왕국의 왕 산초 3세(Sancho III)세가 순례자들을 위하여 아르가 강(Rio Arga) 위에 여섯개의 아치가 있는 다리를 건설했다.

'산솔'Sansol 마을의 새벽 전경

우리에게 '스페인 하숙'으로 잘 알려진 비야프랑카 델 비에르소
Villafranca del Bierzo 마을 전경

레온Leon 산타마리아 대성당의 전경과 내부

레온 대성당은 1800제곱미터의 스테인그라스 창으로 구성되어 있으며, 구약성서 인물들이 북쪽 벽에, 신약성서 인물들이 남쪽 벽에 서 있다. 남쪽 창문을 통해 햇빛이 온종일 비춰지면서 신약성서에서 예수가 도착하여 세상의 구세주가 되는 것을 의미한다고 한다. 또한 매일 저녁 석양이 대성당의 서쪽 벽에 있는 장미 창문을 통해 중앙에 성모 마리아를 비추고 있다.

부르고스Burgos 산타마리아 대성당의 전경과 후경

산티아고 순례길에서 가장 규모가 크고 아름다운 성당이다. 1221년에 착공되어 1567년에 완공되었다. 8유로의 입장료를 받고있는데 순례자는 할인을 받아 5유로에 입장할 수 있다. 배낭이나 짐은 무료로 보관할 수 있다.

휴식

스페인에서 바르Bar는 우리나라의 '바'bar와 사뭇 다르다. 특히 산티아고 순례길에서 bar는 말 그대로 쉼터이며 참새 방앗간이다. bar에서 아침 빈 속에 마시는 뜨거운 '카페 콘 레체'는 순례자에겐 필수품이다. 만약 산티아고 순례길에서 바르Bar가 없었다면 산티아고까지 무사히 갈 수 있었을까?

산토 도밍고 델 라 칼사다(Santo Domingo de la Calzada)에 있는 호텔의 모습이다.
순례자에게 무슨 호텔이냐고 한 소리 들을 수 있겠지만, 역사적인 성 프란치스코 수도원을 개조한 이 호텔에 하루 묵었다. 세계 유명 도시 오성급 호텔과 견주어도 손색이 없었다. 당연 이번 순례길 전체에서 가장 훌륭했던 숙소였음에 틀림없었다.

순례길 호스탈에서는 호스트 얼굴 보기가 어려웠다. 전화로 번호키를 받는다던가 심지어 방 열쇠가 있는 위치를 알려주기도 한다.
카리온 데 로스 콘데스Carion de los Condes에서는 무인 호스탈을 경험했다. 현관에 들어서면 아래와 같은 키오스크가 있다. 신용카드로 결재를 하니 일회용 백색 카드키가 나온다. 체크인부터 체크아웃까지 호스트는 필요하지 않았다.

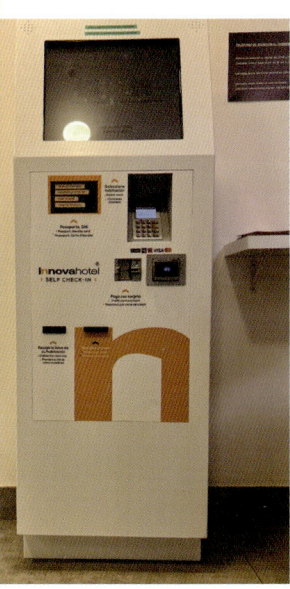

팜플로나 공립 알베르게Albergue Jesus y Maria 입구의 모습이다.
1782년, 돈 카를로스왕의 명령에 따라 사제를 위한 신학교로 건립되었다는 명패가 현관 위로 보인다. 122의 침상을 갖춘 이 알베르게는 개를 보관할 수 있는 장소까지 마련되어 있다.

어딘가 낯익은 외부와 내부 모습이다.
TV〈스페인하숙〉이라는 프로그램에 소개되었던 실제 알베르게 모습이다. 현재에도 "산 니콜라스 델 레알"San Nicolas del Real 이라는 이름으로 호텔과 알베르게를 운영하고 있다.

온타나스 공립 알베르게의 모습이다. 거의 대부분의 알베르게가 그렇지만 특히 공립의 경우 많은 순례자들을 수용하기 위해 2층 침대를 배치해 두었다. 그러나 대부분의 순례자는 아래층 침대를 쓰고 싶어한다. 배정 방법은 알베르게마다 다르겠지만 몸이 불편한 순례자와 고령의 노인의 경우 아래층을 배정하는 것은 당연해 보인다.

알베르게 뒤 뜰에서 순례자들이 스트레칭 체조로 몸을 풀고있다. 알베르게에서 준비한 프로그램으로 보인다. 이처럼 알베르게가 침대와 음식만 제공하는 게 아니라 요가, 명상, 체조, 함께 요리하기, 전 세계 노래자랑 등 다양한 프로그램을 운영하고 있는 곳도 많아졌다.

도착

몬테 도 고소Monte do Gozo 언덕에 서 있는 순례자 상이다. 그들이 가리키고 있는 곳에 산티아고 대성당 종탑이 멀리 보인다.

마침내 순례자들이 산티아고 대성당 오브라도이로 Obradoiro 광장에 도착했다. 그들의 포즈와 표정은 편안하고 행복해 보인다. 한 무리는 사진을 찍고 한 무리는 서로의 연락처를 주고 받는 듯 했고 한 무리는 대성당 종탑을 보며 생각에 잠겨있다.
그들에게 내일은 어떤 모습으로 다가올까?
도착은 출발과 맞닿아 있는 것처럼 그들 또한 각자의 목적지를 향해 흩어질 것이다. 부디 오늘 같은 좋은 일이 이어지길 소망한다.

사도행전에 따르면 성 야고보는 AD43년 예루살렘에서 헤롯 아그리파에게 참수되어 순교한 최초의 사도였다. 전설에 따르면 그의 시신은 바다를 통해 스페인 갈리시아로 옮겨졌으며 오늘날 대성당이 있는 숲에 묻힌 것으로 알려져 있다. 어느날 밤 그 곳에 별빛이 쏟아져 내리는 기이한 광경을 목격한 팔라요.
문득 사진을 찍고 있는 이 쯤이 그 곳이 아닐까?라는 생각이 들었다.

산티아고 대성당 성체조배실에서 기도를 드리고 있는 순례자들 모습이다.
성체조배실은 그리스도가 현존하고 있는 공간이다. 입구에 "침묵"하라는 경구가 눈에 들어온다.

산티아고 대성당에서는 매일 정오에 순례자를 위한 미사가 봉헌된다.

"지극히 거룩하신 그리스도의 성체성혈대

보타푸메이로Botafumeiro는 대성당의 메인 돔에서 측면 본당쪽으로 흔들리는 거대한 향로이다. 향로의 무게는 53kg이고 길이는 1.5m이다.
보타푸메이로는 사제가 제단에서 향로를 사용하는 것과 같은 전례적 목적으로 사용된다.

고마움

아주 오래전, 누구에게 편지를 부치고 좋아했던 적이 있었습니다. 누구는 누구일 뿐, 얼굴도 모르고 만난 적도 없는 사람입니다. 그냥 철 지난 청소년 월간지 뒤쪽에 있는 펜팔 코너에서 예쁜 이름 하나를 찾아 보낸 편지입니다. 분명 이름이 예쁘면 얼굴도 예쁠 거라 믿었던 나이였습니다. 지금 생각해 보면 편지는 참 많이 보낸 것 같은데, 답장받은 기억은 없습니다. 결국 내 이야기만 했던 셈이지요. 그래도 싫지 않았던 까닭은 언젠가 답장이 오리라는 설렘 때문이었겠지요. 기다림은 생각보다 오래갔습니다. 물론 내 편지가 수신자 없는 쓰레기통으로 버려졌을 거라는 의심은 그때는 하지 못했으니까요.

이제 예쁜 이름도 사라지고 편지를 보낼 수 있는 빨간 우체통마저 사라지고 없지만, 그때의 설렜던 기억이 꿈이 되고 사랑이 되어 오늘까지 살아낼 수 있었을 거라 여겨봅니다.

왜 갑자기 그때 얘기를 꺼냈는지 모르겠습니다.
산티아고 순례길로 떠나는 날을 기다리면서 가졌던 설렘은 그때 답장을 기다리는 맘처럼 흥분되는 일이었습니다. 그리고 어느 날 산티아고 순례길 위를 걷고 있는 나 자신을 만날 수 있었던 것은 내 삶에 가장 멋진 순간이 되었습니다.

또다시 누군가에게 이 편지가 전해지겠지요.
부디 순례길을 준비하거나 꿈을 꾸는 분들에게 도전과 용기가 될 수 있길 희망하고 기도하겠습니다. 그리고 내 일생 중에 잠시나마 산티아고 순례길 위에서 만났던 순례자들과 거기에 머무는 봉사자들 그리고 주민들과 함께 나누었던 인간애를 잊지 못할 것입니다. 그분들께 존경과 감사의 마음을 전합니다. Muchas gracias.^^

책을 낸다는 것은 참 뻔뻔하고 못난 일입니다. 그럼에도 혹여 한 줄이라도 누구에게 기쁨이 될까 하여 여러 사람을 못 살게 굴었습니다. 미안하고 고맙습니다.

2024년 겨울
이조윤 드림

저자 이조윤
- 에세이스트, 월간에세이 편집위원
- 서점 부엔까미노, 출판사 컨닝페이퍼 대표

그 꿈, 버리지마

초판1쇄 발행 | 2024년 12월 24일

지은이 | 이조윤
책임편집 디자인 | 이남지
디자인 | 가장자리

펴낸곳 | 컨닝페이퍼
신고번호 | 제2023-000010
이메일 | buencamino2020@naver.com
전화 | 070-4189-6729

ISBN | 979-11-985739-3-3(03800)

이 책은 저작권법에 따라 보호받는 저작물이므로 무단 전재와 복제를 금합니다.